70歳からが本物の成長期

現役最年長の雑誌編集長
花田紀凱

和田秀樹
日本一の高齢医療の名医

サンマーク出版

はじめに

本書は、伝説的な雑誌編集者で、80歳を過ぎた現在でも現役で編集長を続けておられる花田紀凱《はなだかずよし》さんとの何回にもわたる対談をまとめたものです。

もともと、花田さんの雑誌への寄稿や花田さんのユーチューブなどへの出演で、存じ上げていたのですが、あるとき、花田さんから連絡を受けました。

私の本を何冊か読んで、もともと健康論などに関心はあったが、今回は、花田さんが最近感じ始めた「幸せ」について教えを乞いたいという話でした。

80歳を過ぎた花田さんには、年をとるほど不幸という巷《ちまた》の思い込みは嘘ではないか、自分はむしろ幸せを感じているとおっしゃるのです。

私も、年をとることで幸せを感じている人が大勢いることは知っています。

それは、花田さんのように現役で充実した仕事ができるひとに限ったことではありません。

別の著書にもまとめましたが、各種データで見る限り、「高齢になるほど幸福度が上がる」のです。

たとえば、アメリカのダートマス大学の経済学者、デービッド・ブランチフラワー教授が世界132か国の人を対象に、人生の幸福度と年齢の関係を調べた調査では、世界中どこの国でも、歳をとるほど幸福度が増し、「日本人の幸福度のピークは82歳以上」というのです。

この研究は、私が長年高齢者を診てきた肌感覚に合うものです。

そもそも高齢で幸せを感じている人からじっくり話を聞くというのは大切なことだと思っていたので、花田さんは適任者。私が教えるというより、話のやり取りをする中で、高齢者の幸せについて考えてみたいので、対談をしようということになりました。

すると、「高齢者の夢」とか、「お金」に対する考え方、働くこと、「デジタル社会」をどう生きるかなど、多岐にわたるジャンルに話題が及び、これまでの著書でも深堀していないところまで充実した意見を聞くことができました。

もともと、私は、自分が医者でありながら、医者を信じていません。

日本の82の大学医学部のすべてで、多数決で選ばれる精神科の主任教授には、私のような「心の問題やカウンセリングを研究してきた人間」は選ばれません。では誰が選ばれるか。その9割は、たとえば神経伝達物質といった「脳の研究者」です。この事実は、日本の医学部教授たちが、人間に心のケアは必要ないと考えているのと同義です。

動物実験や海外のデータをもとに、薬をおしつけ、塩分を控えろ、脂肪を減らせだの、「味気ない」生活を押し付けてきた人ですが、最近になって各種データで塩分は1日15グラム程度がいちばん長生き（日本では6グラムまでが推奨されます）、BMI25～30の小太りが長生きなどと彼らの「理論」がでまかせであることがわかってきています。

それ以上に、塩分や酒や、タバコの好きな人にとってタバコなど、残りの一生をがまんしながら長生きすることが本当に幸せなのでしょうか？

スポーツ選手がスポーツ医学の人にけがをしない方法を学んでも、そのスポーツはうまくなりません。実績のある先輩のスポーツ選手に、うまくなるコツを聞いたほうがいいでしょう。それと同じで、高齢者が学ぶべき相手は、医者ではなく、うまく年をとっている人なのだともともと思っていましたが、花田さんとの対談でさらに痛感しました。

花田さんが、いつまで現役で活躍を続けるかはわかりません。80歳になっても、90歳になっても、5年先どころか1年先のこともわからないのです。だから私のような、数だけはたくさん高齢者を診てきた人間のいうことが信じてもらえるし、本も読んでもらえるとうぬぼれています。

ただ、本書を読んでいただければわかると思いますが現役でバリバリ仕事ができることだけが幸せではありません。現役をやめて、時間がタップリできることで得られる幸せや、現役時代のように周囲に気を遣わないで済むようになって得られる幸せは、それ以上のものかもしれません。

習い事、グルメ、旅行、時間があることでチャレンジできることはたくさんあります。それ以上に、うまくならなくてもいいと思える余裕が充実感を生むことはもっとあります。そして、昨日より今日が成長しているという実感が人を幸せにすると私は信じています。

私のこれまでの高齢者を診てきた経験と花田さんのさまざまな実感が、これから高齢を生きる上でヒントになれば、著者として幸甚この上ありません。

末筆になりますが、本書の原稿執筆にあたり労をとっていただいた瀬戸内みなみさんには、この場を借りて深謝致します。

和田秀樹

この本に登場する

80歳で現役を続ける
日本最年長の雑誌編集長

花《はな》田《だ》紀《かず》凱《よし》

1942年東京生まれ。66年文藝春秋入社。88年『週刊文春』編集長に就任。6年間の在任中、数々のスクープをものにして総合週刊誌のトップに。「伝説の編集長」として今なお語り継がれる。退社した後『uno!』『メンズウォーカー』『編集会議』『WiLL』などの編集長を歴任。2016年4月より月刊『Hanada』編集長。部数でも一、二を争う人気の総合月刊誌に育て上げる。**80歳になった今も最前線で取材・編集を続ける、現役の日本最年長レジェンド編集長。**

ふたりの紹介

日本一支持を集める
高齢医療の名医

和《わ》田《だ》秀《ひで》樹《き》

1960年、大阪府生まれ。東京大学医学部卒業。精神科医。東京大学医学部附属病院精神神経科助手、米国カール・メニンガー精神医学校国際フェローを経て、現在、ルネクリニック東京院院長。高齢者専門の精神科医として、30年以上、6000人の臨床現場に携わる。『70歳が老化の分かれ道』(詩想社新書)など著書多数。**特に『80歳の壁』(幻冬舎)は、全書籍を対象とした2022年間ランキングで総合第1位、日本で一番読まれた本となる。**

とことん本音で聞かせてください！

花田　昨年（令和4年）、めでたく80歳になりました。

和田　それはおめでとうございます。花田さんは現在も月刊『Hanada《ハナダ》』＊の編集長をやっているし、新聞、雑誌のコラム連載やインターネット番組も毎週続けている。編集長としては、日本で現役最高齢なのではないですか？　相変わらず多忙ですね。

花田　インテリア情報の雑誌『室内』（2006年休刊）の社主であり編集長だった山本夏《やまもとなつ》彦《ひこ》さんは、84歳まで現役で活躍されていました。最後のころ編集室に伺うと、机に向かって一生懸命、ゲラに赤字を入れてらした。以来、冗談に「目指せ山本夏彦！」と言っていたんですがね（笑）。

和田 いえいえ、それを超えましょう（笑）。今の日本は「人生１００年」が合言葉ですから。

花田 さすがに最近は、徹夜で仕事をするのはやめました。でも毎月、締め切り前には息子世代の編集部員たちといっしょに夜遅くまで作業していて、いちばん元気なの。雑誌が大好きなんですよ。

和田 最近まで徹夜をされていたことが驚きですよ。

花田 でもそれとは別に、70歳を過ぎたころからだんだん、毎日の生活のなかで幸せを感じ

＊月刊 Hanada……２００４年に花田紀凱が創刊した『月刊 WiLL』を前身とするオピニオン誌。２０１６年に編集部ごと飛鳥新社へと移り、『月刊 Hanada』と誌名変更。２０２３年現在も発行されている。

ることが増えてきたような気がするなあ。本は学生時代くらいよく読めるし、映画は最低、月に2本。毎月、歌舞伎も観てるし。散歩をしてたら夕焼けがきれいだったりとか、とらやのカフェのお汁粉や、庭に植えたミニトマトが美味しかったりとか。まあ小さなことなんですけどね、幸せを感じます。

和田 そうだと思いますよ。じつは高齢者というのはかなりお得で、特権をたくさん持っているんです。特に70代は充実していて楽しくて、かなりいい。これまでせっせと耕して種を蒔いてきた土壌から、芽が出て花が咲き、豊かに実る年代なんです。

花田 なるほど。では何の後ろめたさもなく、幸せだと思っていていいと。

和田 「年をとるにつれて幸福を感じやすくなる」というスウェーデンの調査結果があります。また何事にも前向きで、幸福感の強いひとほど長生きをするそうです。ですから元気で長生きをしたければ、思い切り幸せを感じながら毎日を過ごしましょう。

花田　和田さんは精神科のお医者さんですが、これまで6000人以上の高齢者を診てきた老齢医学のスペシャリストでもある。なぜ年をとることが楽しいことなのか、いいことなのか、今日はその秘密をたっぷり伺おうと思ってやってきました。

和田　私自身は62歳ですから、年をとっているのか、それともまだまだ若僧なのか、ちょっと迷うところではあります（笑）。

ただ医師になって以来、高齢者医療に特化した浴風会《よくふうかい》病院（東京都杉並区）に勤めるなど、たくさんの高齢者と接してきました。その経験から、ある程度定型化・類型化して、客観的にとらえることはできていると思っています。たとえば70歳のひとには、自分が75歳になったときのことがわかりませんよね。でも私には、たぶんこうなるだろうという予測がつく。

それに医学の常識も、世の中の状況も、日々ものすごいスピードで変化していますから。お話ししたいことはたくさんあります。

花田 はい、今回は和田さんにたくさんお聞きしたい。おかげさまでぼくはこの歳になっても、好きな仕事をずっとやることができています。だけどそのために、これまで自分なりに小さな努力を積み重ねてきたつもりですよ。昔から健康オタクといわれるくらいで、健康法もやりやすいものを選んで、コツコツ続けているんです。食べものとか、ちょっとした体操とか。

和田 先ほど「70歳のひとに75歳のことはわからない」といいましたが、だからこそ自分より年上で、生き生きと元気なひとのことは積極的に見習ったほうがいい。必ずヒントがあります。

今回はせっかく「80歳のお手本」でもある花田さんと話す機会。身体と脳の健康を保つ方法についてはもちろん、「70歳からをいかに幸せに過ごすか」にとどまらず、今まで本や講演会であまり語ったことがない「お金をどう使えばよいか」「デジタル社会とどう付き合うか」「終活や死にどう向き合うか」といった多様なジャンルまで、いっしょにお話ししたいと思っています。

花田 ありがとうございます。ぼくの知人や周囲を見回してみても、みんな大なり小なり、いろんな心配ごとを抱えている。お金とか健康とか、デジタルについていけないとか……。特に今はコロナが不安で、家のなかで息をひそめてじっとしている高齢者も多いでしょう。あれは本当に良くない。

和田 70代は、多くのひとが仕事でも家庭でも一段落ついて、「自分だけの時間とお金」を手にすることができる時期。若いときは、どちらか欠けていることがほとんどですが、70歳以降はついにどちらもそろうゴールデンタイムなのです。

花田 いわれてみれば、確かにそうですね。

和田 だからこそ、意欲さえあれば自由に自分を伸ばしていくことができる、【本物の成長期】といえます。古希を過ぎたら「いよいよ大人の青春が始まる」くらいに考えて、楽しまなくてはもったいないですよ。

花田 いやあ、和田さんと話していると元気が出そうですね。

和田 元気を出してもらうのが、精神科医の本当の仕事ですから。

では、70代がどれほどお得で、たくさんの特権を持っているか、これからじっくりお話ししましょう。

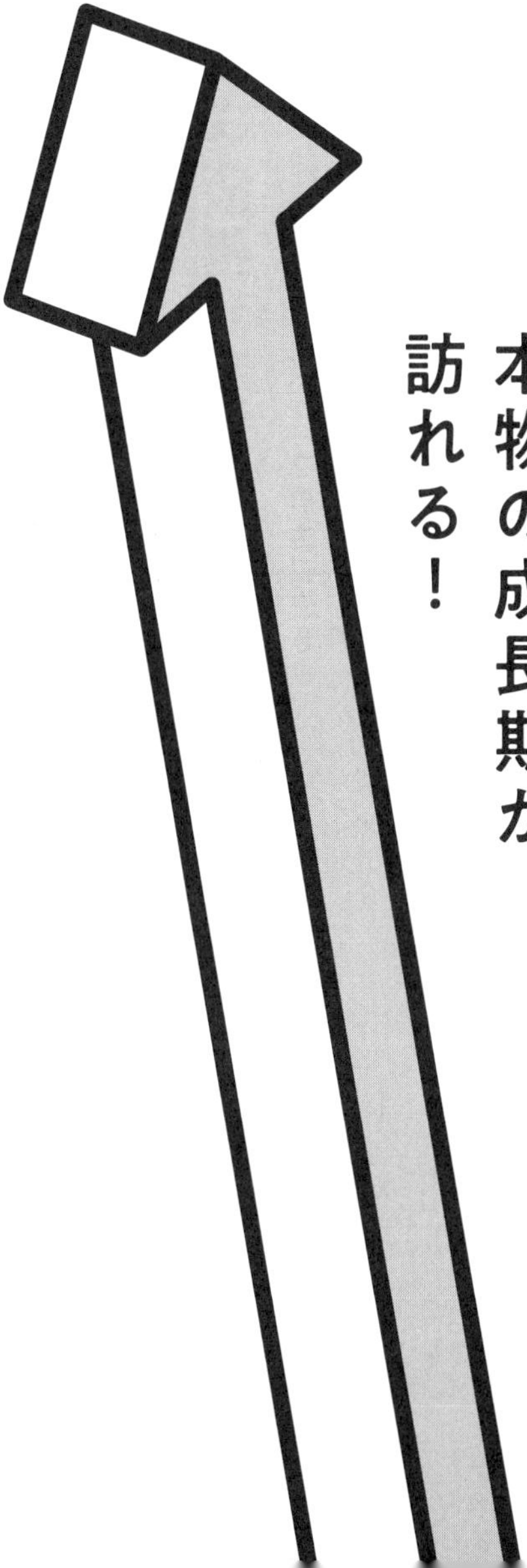

70歳をすぎてから
いよいよ、人間としての
本物の成長期が
訪れる！

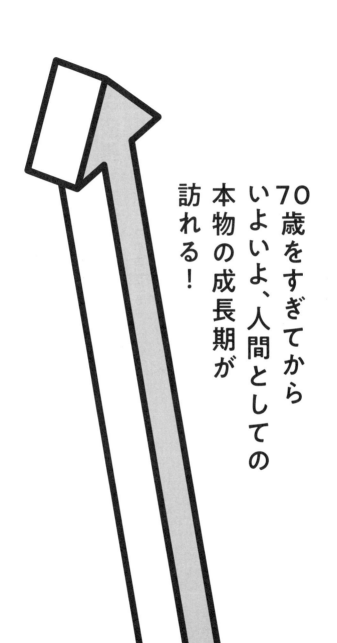

第1章

70歳からの幸せ

できるだけ幸せに過ごしたいと思うのは欲張りですか？

第2章

70歳からの夢

年甲斐もなく、夢を持ってもよいのでしょうか？

第3章

70歳からのお金の使い方

お金をどうやって使ったらいいのか、わかりません！

第4章

70歳からの脳

「脳が老いない」方法があるってホントですか？

第5章

70歳からの健康

もちろん健康でいたいのですが、正直、不安もあります……

第6章

70歳からの人間関係

年々、人付き合いが億劫《おっくう》になってきませんか？

第7章

70歳からの終活

死ぬのが怖くならない方法はありませんか？

第8章

70歳からのデジタル化

スマホやデジタル社会には慣れるべきでしょうか?

第9章

70歳からの人生の決め方

高齢だし、やっぱりマスクは外しちゃダメですか？

第1章

70歳からの幸せ

できるだけ幸せに過ごしたいと思うのは欲張りですか？

「2回目の人生」を自由に生きる

「年をとるのが楽しい」のにはワケがある

花田　定年退職して、それから嘱託なんかで仕事を続けても70代初めくらいで終わるじゃないですか。周囲を見ていると、その後ボーッとしているひとも多い。60代のときは同窓会に行くとゴルフか年金か病気の話。70代になったら、病気か孫か、あとはどんな死に方がいいかなんて話ばっかり。おいおい、たまには本を読んだり、映画を見たりしないのかって（笑）。

和田　もったいないですね。70代というと、家などのローンを払い終わって、子どもも大きくなっているひとが多い。そうしたらもう何でも「好きな仕事」を選べるんですよ。思い出してみてください。昔、どんなことに憧れ、何になりたいと思っていたか。

花田 中学卒業のとき、ほとんどひとりで卒業文集を作ったんです。その最後に、「将来、何になりたいか」というアンケート結果を載せた。みんな野球選手とか映画俳優、弁護士なんて書いてたなかで、勉強のできた横山さんという子が「良き母」と(笑)。彼女は銀行に勤め、結婚し、「良き母」になり、今は「良き婆ちゃん」です(笑)。

和田 70歳を超えて「幸せを得られる方法」のひとつに、「好きな仕事をする」があります。仕事によって社会貢献をしたり、達成感を得られるわけです。しかもそれが、やっていて楽しいことであれば、幸せを感じないはずがない。

花田 仕事と幸せとは密接な関係にあるのですね。ぼくにとって雑誌作りは、仕事というより「道楽」(笑)。

和田　だから仕事というものを、そんなふうに自分がやってて楽しいこととかひとの役に立つものとかにすれば、年をとるっていいよね、っていう話になると思うんですよ。まず本章では、【70歳からの幸せ】について、話していきましょうか。

「2回目の人生」は好きな花を咲かせればいい

和田　**私は「人生は二毛作」だと思っているんです。**1回目の仕事はそれこそ「生産性」のためのもので、たとえ嫌な仕事でも、家事でも、我慢する。出世のためでもいい、子どもを育てるため、家を建てるためでもいい。何でもいいから50歳くらいまでのオツトメは我慢して続ける。

花田　ということは、2回目は……

和田　そう、2回目の人生は、「非生産的」であっても構いません。やっていて楽しい仕事をすればいい。どんな花が咲くだろうかとワクワクしながら、人生という畑を好きに耕せばいい。

花田 昔は「人生50年」でしたけど、今、日本人の平均寿命は男女とも80歳を超えてますもんね。人生が長くなったからこそ、それが可能になってきた。

和田 そのとおりです。令和4年の発表によると、男性は81・47歳、女性は87・57歳。平均寿命が50歳を超えたのは戦後、昭和22年になってようやくのことです。しかも現在、75歳になってからの平均余命でいうと、男性は12年、女性だと16年もあるんですよ。

花田 たとえ70歳で嘱託の仕事を終えたひとでも、まだまだ先は長いのか。

和田 はい、だからこそ夢中になれることを見つけて欲しいものです。男性も女性もオットメを果たすとは、1回目はある意味妥協かもしれない。生活するため、生きていくためにやる。でも2回目は自己実現だったり、ひとのためだったりという基準で選べば、それでいいのです。

花田 ぼくは子どものころから「雑誌」が大好き。それで編集の仕事をしたくて出版社に入った。引退したら老人ホームで「月刊花田」という小冊子を作って、老人たちに配る。ひとりで好き放題やろうと思っていたんだけど、引退する前に『月刊Hanada』を出してしまった（笑）。

和田 夢を先取りした稀有な例ですよね（笑）。

なぜ「好きな仕事」をする最高のチャンスなのか

和田 今70歳以上の方が就職したのは約50年前。世の中がめまぐるしく変わってそれはもう大変な時代でした。ですから、花田さんのように憧れの職業に就けた人はそう多くはありません。

花田 そうでしょうね。ぼくは運が良かった。宝クジに当たったようなもんです。

和田 ですが普通のひとは70歳を超える今になって、**ついに、好きなことを仕事にできるチャンスが到来しているのです。**たとえば若いころ、物書きになりたい、ライターになりたいと思っていたひとだったら、今こそやってみるときです。

花田 なぜ年をとったほうがチャンスなの？　逆のような気もしますが。

和田 時間とお金を持っていると有利な仕事がたくさんあるからです。駆け出しのライターだと年収１００万円以下で、若かったら生活が厳しいかもしれない。でも年齢を重ねて、年金をもらえる今なら違います。ギャラが安くても人生経験や人脈の豊富なライターになれば、仕事もあるんじゃないですか。

花田 なるほど。報酬よりも、やりがいを優先できるということですね。しかも、すぐに取りかかれる時間の余裕もたっぷりある。

和田 手芸や編み物が得意な人が、60歳を超えてから洋服屋やアクセサリーショップを開くケースも聞きます。カフェで料理を振る舞うのもいいでしょう。お店を出すのが金銭的に難しければ、お花や裁縫といった得意なことで「先生」になって、個人レッスンをしている人も多いそうです。

花田 自宅の空きスペースをギャラリーとして活用して、旅したときに「趣味で集めていたグッズ」を展示したり、販売したりする方もいるそうですよ。終活にもなる（笑）。みんな、いろんなことを始めている。

和田 そのような「やっていて楽しいこと」を、**後づけで「仕事」と呼んでしまえばいいいん**

です。そのほうが確実に、幸せな人生を送れるはずですよ。

花田 ずっと楽しいことをして、さらに幸せも手に入れるなんて、強欲だと思われませんかね？（笑）

和田 とんでもない！　冒頭でお話ししたとおり、幸福感の強いひとほど元気で長生きするともいわれます。70歳以降も幸せで元気にしていてもらえれば、医療費だってかからないのですから、国民全員がハッピーになる。「年をとるほど幸せになる」というのはもはや義務にしてもよいくらい、まっとうなことなんですよ。

花田 和田さんにそういわれると、自信を持って生きていけるひとも多いのでは。

老いないコツは挑戦と失敗

年だからと運転免許は返納しなくていい

花田 ただ日本には「引き際」や「潔く」など、ある種の美学が根強くありますよね。

これは知人から聞いた話なんですが、定年になってからも仕事を続けようとしていたところ、息子さんから「みっともないから辞めろ」といわれ、本人も「それもそうだな」と思ってスッパリ辞めてしまった。今では毎朝、犬を連れて家の周りを散歩するしかやることがないとか。

和田 その方はそれからどうなったんでしょうか。

花田　そうなると、身の回りもあまり構わなくなるし、たまに会っても話題がない。まだ10年、長ければ20年は生きるんだから、習字でもお茶でも習い事を始めれば、一応のところまでは到達するんじゃないかといってるんですがね。逆に今ではコロナが怖くて外にも出なくなってしまった。運転免許証も、やはり息子さんにいわれて返納してしまった。

和田　**運転免許証を自主返納する必要はまったくありません！**　これについては改めてお話ししますが、そもそも年齢を理由に何かを禁止、または強要することは年齢差別にあたるということを、日本人はもっと自覚する必要がありますよ。

花田　なるほど。気づかないうちに、年齢差別に加担していることもありますね。

和田　そうなんです。たとえば雇用に関していえば、欧米では差別が法律で明確に禁止されています。日本でも平成19年から求人の際に年齢制限を設けることが禁止されましたが、現実として守られているとはいい難いですね。

花田 年をとる＝能力が衰える、と思われているのでしょうね。悔しいなあ。ぼくを見てくださいよ。うちの編集部の若いやつよりタフだというのに（笑）。

「物わかりのいい人」になんてなるな

和田 能力は年齢ではなく、明らかに個々人の資質の問題なんです。

それに子どものいうことをおとなしく聞いて、何かいいことがありますか？ ズバリ申し上げますが、**親が期待するほど「子どもは当てにならない」**と私は思っています。

将来自分の世話をしてくれるかどうかだってわからないし、財産を残したって何に使うかわかりませんよ。それなら気兼ねをせずに、自分がやりたいことをやるのがいちばんいい。

花田　確かにそのとおりですね！　「いい年をして」「年甲斐もなく」なんて言葉は死語にしなくちゃ。

和田　私はそれを「**聖人圧力**」と呼んでいます。年をとったらおとなしくお行儀よく、物わかりのいい良いひとでいなくてはいけないなんて、誰がいい出したんでしょうね。

花田　「聖人圧力」、言い得て妙だなあ。フーテン老人でいいんですよね。

和田　もしお行儀よく我慢なんてしていたら、身体も頭もすぐに衰えて、自分が不幸になります。周囲にだって迷惑をかけるかもしれません。いちばん後悔するのは、きっと子どもたちでしょう。
それはともかく、今からでも遅くありません。幸せを探しに行きましょう。幸せは歩いてきません、だから歩いていくんです（笑）。

シャネルのごとく「毎日の実験」を楽しむ

花田 70歳で現役といえば、ココ・シャネルを思い出します。彼女は現役を引退してから15年もたった71歳になって復帰を宣言し、「退屈よりも、大失敗の道を選ぶことにしたの」といったそうですね。

和田 そうなんですね。私が提案している生き方とピッタリ重なります。

花田 シャネルは当時、もうデザイナーとしては忘れられた存在になっていて、友人のマレーネ・ディートリッヒには「どうしてまた、そんな厄介なことを始めたの」と呆れられながらも、「何もかもうんざりしているのよ。あなたなんかにはわからないわよ」といい放った。当時隆盛を誇っていたディオールやバレンシアガといった若い男性デザイナーに強い対抗心を燃やして発表したコレクションは、母国フランスでは酷評されましたが、アメリカで絶賛されて完全復活を印象付けた。それが現在まで続くブランドの確立につながります。

和田　そう、失敗を恐れてはいけません。失敗したら、何度でもやり直せばいいんです。**何事にもまずは挑戦してみることが、「老いないひと」に共通する特徴です。**そもそも日本人は、失敗することを怖がりすぎていますよ。

私は「毎日が実験だと思いましょう」と提唱しています。たとえばファッションです。今まで似合わないと思って着てこなかった服にも、無限の可能性がある。真っ赤な服だって、似合うかどうか、好きになれるかどうかは着てみなければわからない。

花田　失敗してもいいから、やってみるということですね。

和田　はい、そのとおりです。そんなに大きなことをしなくてもいいんですよ。時間があるのですから、話題のスイーツ店や人気の定食屋さんの長い行列に並ぶことだってできるでしょう。テイクアウトで持ち帰って、周囲におすそ分けしてもいい。美味しければ大成功だし、もしあまり美味しいと思えなかったり、友人やお孫さんに思ったほどウケなかったとしたら「うちには向いていないんだな」という勉強になりますよね。そうしたらまた次の話題を探せばいいんです。

花田 新型コロナ流行の初期に全国でマスクが品薄になったときは、高齢者が毎日早朝からドラッグストアに並んでいましたね。それで学校や仕事があって買いに行けない家族にマスクを送って、喜ばれていた。

和田 そう、時間こそが最大の武器です。それをこれからも、もっと幅広い範囲でやりましょうよ。行列のできるところはたくさんありますから。
私がなぜ「失敗体験」を勧めるのか。それは最近脳の働きのなかで注目されている「**前頭葉**」に関係するためです。前頭葉が若いひとっていうのはいろんなことにトライするんですよ。でも前頭葉が老けてくれば老けてくるほど、**前例踏襲**になって同じことを繰り返すようになる。失敗を恐れて、新しいことをする意欲がなくなる。

花田 「失敗」「意欲」「脳」「老い」が、すべてつながっているのか！

和田 そのとおりです。精神科医として70歳を迎える読者のみなさんにお伝えしていきたいのは、まさにそこなんですよ。

「行きつけのお店探し」こそ前頭葉が若返るチャンス

花田 年をとって困るのは、馴染みの店が減ってしまうこと。シェフやオーナーも年をとるから、ある日突然閉店しちゃうんですよ。だけど個人的に付き合っていたわけじゃないから、人生の大切な時間を過ごした彼らと会えなくなる。これはちょっと寂しいですね。しかも開拓精神は若いときほど旺盛じゃないから、行きつけの店がどんどん少なくなる。

和田　そう、まさにそれですよ。ですからこれは、前頭葉を鍛えるいいチャンスだと前向きに考えましょう。行きつけの店にしか行かなくなるというのは、早いひとでは40代くらいから始まります。さらに、同じところでしか服を買わなくなる。同じ著者の本しか読まなくなる……。知的レベルが高いか低いかではなく、前頭葉が機能するかしないかなんです。

花田　ぼくは今、「一年一作家シリーズ」という試みを続けているんです。むろん仕事関係の本は読むけれど、それとは別に一年につき作家をひとり選んで、その作家の作品を全部読む。谷崎潤一郎からはじまって、夏目漱石、サマセット・モーム、ディケンズ、ジェーン・オースティン。2023年は芥川龍之介を読もうかと。若い頃に読んでいる作品でも、新しい発見があって面白いですよ。

和田　前頭葉が若返りそうな試みですね。さすが花田さん。

花田　余談ですが、食でいうと、ぼくがいちばん長く通っている銀座の二葉鮨なんか、もう50年以上になります。ちっとも飽きない。あの店のコハダは絶品です。ぼくがもし入院したら、コハダだけ詰めた折を差し入れてくれと頼んでありますます（笑）。

和田　それはすごい。今度、お店に寄ってみたいです。

花田　よく「年をとると保守的になる」といいますが、年齢ではなく、脳の問題なんですよね。80歳になったらもう脳を鍛えるのは無理でしょうか？（苦笑）

和田　とんでもない！　詳しくはのちほどお話ししますが（第4章）、前頭葉は何歳からでも良くなりますよ。日本はこの30年停滞し続けているとよくいわれます。私はそれは、日本人が前頭葉を活性化させてこなかったからじゃないかと思うんですよ。たとえばビジネス業界ならば起業するといえば、以前はみんな「IT」が云々ばかり。そして今は猫も杓子も「DX《ディーエックス》」*とかなんとか。そうじゃなくて、他のひとがやっていないことを試してみたらいいいじゃないですか。

花田 どんなことがあるでしょうか。

和田 たとえば高齢者向けの娯楽とか、高齢者向けのファッションとかどうでしょう。高齢者はこれまで消費者として重視されてきませんでしたが、これだけ人口比率が高く、お金も時間もあるんですから。

花田 今や三人にひとりは高齢者ですからね。しかもこれから増えていく。有望分野です。でもそのわりに、老人向け雑誌にしすぎると売れないそうです。みんな自分は老人と思っていないから（笑）。

失敗こそ「人間の深み」を決める経験

和田

それなのに多くのひとが失敗を恐れ、冒険をしたがらない。私は日本の教育が悪いからだと思いますよ。

日本では戦後、理科の実験室の数をどんどん増やしてきた。それなのに理科離れが止まらない。結局、子どもに怪我をさせないよう、失敗しない実験しかやらせないからです。〇〇と△△を何cc入れて、はい色が変わりましたって、それは実験ではなく料理教室じゃないですか。レシピどおりやってるだけ。それで科学的発想が身につくわけがない。そうではなくて、失敗して考え直すのが実験でしょう。

＊ＤＸ……「デジタルトランスフォーメーション（Digital Transformation）の略で、直訳すると「デジタル変革」。ビッグデータやＡＩなどの最新技術を駆使して、業務改善にとどまらず、ビジネスモデルそのものを変えるような仕組みのこと。

花田　日本では子どものころから「ひとに迷惑をかけないように、謙虚に」としっかり教えられますからね。それはそれですばらしい美徳だと思うのですが。

和田　もちろん、ひとに迷惑をかけてはいけません。でもそんなことばかり気にしていると、大胆な発想が出てこなくなります。だから、**70歳を超えたら「人間性」を取り戻しましょう。**失敗こそ、人間味そのものです。失敗をできるということは、人間としての厚みを増す行為ですし、何より「前頭葉」を鍛えるための最高の方法なのですから。

花田　今さら、恥ずかしがる年でもないですしね。

「高齢ドライバーが危ない」は数字のまやかし

和田　「ミスをしない力」は、確かに日本全体では非常に高いんです。日本製品が優秀だというのは、そういう「ミスをしない教育」の影響が大きいと思っています。

花田 日本では評価が「減点法」だというのはよくいわれることですね。失敗するとすごく責められるから、ミスをしないことばかり考え、慎重になる。失敗してもいいからプラスになることをしてみようと意識転換が必要です。

和田 私はこれまで、大学受験の勉強法についても本をたくさん書いてきました。東大だって440点満点中、240点くらい取れば入れるんです。だからできない科目はできないままでもいいからできる科目で点を取れ、という「加点法」の勉強法を勧めてきたのですが、どうも一般的に受けが悪い。つまり、数字で考えないわけです。

花田 ぼくも数学は苦手だったからな。高校時代の期末テスト、数学16点はいまだにぼくの記録（笑）。ひとのことはいえない。

和田 いえいえ、そんなに難しい学問の話ではなく（笑）、単に数字を見るか、見ないかです。たとえばさっきも話に出た高齢ドライバーの問題。実際に事故を起こすのは1万人にひとり。確率でいえば**20代のドライバーが起こす事故と同じ**なんですよ。

花田　うーん、そんな数字を聞いたことはないですね。新聞なんかも、高齢ドライバーは危ないとしきりに煽るばかりで。高速道路の逆走とかしょっちゅう報じられるけど、やはり高齢者が多い。

和田　日本って不思議なくらい、文系文化なんですよね。特に今の日本の70代以上って、たぶん世界のどこの国と比べてもまともに哲学書などを読んできていると思うんですよ。欧米ではそういう本を読むのは一部のインテリ層だけ。ただ日本人は文系の難しい本は読むんだけど、ふつうに数字を使って物を考えるという習慣がない。

花田　経済評論家の高橋洋一さんにいわせると、日本のジャーナリストはみな、「小鳥脳」ですって。つまり、それくらいの小さい脳みそしかない。いちばんいけないのは数字が読めない。第一、日本の新聞も雑誌もタテ書きでしょ。タテ書きでは数字は読めません。月刊『Hanada』もヨコ書きにしなさいといわれて困っています（笑）

ついに「肩書き」から解放される

今の70代以上はいちばん本を読んでいた

和田 私は今、62歳なのですごくイメージが湧くんですけど、私たち60代が若かった1970年代以降というのはポップカルチャーの時代で、本もそんなに読まなかったんです。

それに比べて**70代は、読書量がぜんぜん違うんですよ。**ふつうの学生がマルクスとかサルトルとかを読んでいたんですから。

花田 確かに、見栄でも読んでいましたよね。下宿の棚にその手の哲学の本ばかり並べていたり。今の60代は違うんですか。

和田　違います。だからもう、あえていってしまいましょう。今の日本では、「70代がいちばん賢い」んです。

そもそも学問をすれば出世の道が開けるという考え方が生まれたのは、江戸幕府の五代将軍・徳川綱吉の時代からだそうですね。それまでは家柄が良くなくては取り立ててもらえなかったのが、能力さえあれば身分が低くても重要なポストにつけるようになった。それが広まって庶民にも学問への憧れが生まれ、寺子屋がどんどんできたと。

花田　当時、**日本人の識字率は世界一だった**といいますね。

令和4年は明治政府が学校令を発布して150年という節目だったんですが、今でもたとえば山梨県北杜《ほくと》市の小さな町に、明治期に建てられた立派な校舎が残っていたりする。そこが資料室になっていて、当時のクリクリ坊主で着物姿の小学生の写真もありました。20年ほど前に廃校になってるくらい辺鄙《へんぴ》なところなんです。当時のひとたちの義務教育にかける思いはこんなに熱かったんだなあと感動しますね。

和田 そして戦後しばらくまでは国民皆競争の時代が続いた。「公立高校」から東大へいちばん入っていたのが、昭和25（1949）年生まれの世代です。それ以降は「灘《なだ》・開《かい》成《せい》・筑駒《つくこま》」*といった「私立」の中高一貫校から東大に入学するひとがどんどん増えて、ある階級の人しか東大に行かなくなってしまった。

それから90年代に入るとゆとり教育になってしまう。もう日本が豊かになったと勘違いして、勉強なんていいよ、もっと創造性だよってことをいっていた。現在はさらに緩くなっていますよ。

だから国民全体が賢かった時代っていうのは、昭和25年を境とすると今72～73歳。70代は賢い、と私がいうのはそういうわけです。今の70代以上は、それまでの日本をちゃんを発展進歩させてたひとたちなんですよ。

＊灘・開成・筑駒……兵庫県神戸市の灘高校、東京都荒川区の開成高校、世田谷区の筑波大附属駒場高校の三校は、毎年、東京大学や医学部への合格者を多数輩出する日本最高峰の学力を持つ。

花田　そうかあ。70代は自信を持っていいんだ（笑）。

和田　それなのに70代のひとたちが「仕事も引退したんだし、本も買わないしモノもいらない」みたいに、現在の社会構成の圏外に置かれているように見えるのが私には納得いかない。70代のひとたち自身もそう思っている節がある。そうじゃないでしょうと、私は声を大にしていいたい。

ときには下り坂で「開き直る」ことも大切

花田　まあ、いったん退職したり、子どもが巣立ったりすると、社会に疎外感を感じてしまうこともあると思うんですよね。そういう気持ちを立て直して、充実感なり幸福感なりを持つにはどうしたらいいんでしょうか。

和田　それには2パターンあると思います。

ひとつは60代で、一度ガクーンと下り坂を経験すること。それまで企業の部長とかある程度の肩書きのあったひとが退職して、いきなり何の後ろ盾もなくなった不安でけっこう落ち込むんだけど、そうこうしているうちに開き直って趣味を持ったり、ボランティアを始めたりして居場所を見つける。そういう形で幸せをつかむひとはいると思う。

もうひとつは花田さんみたいに、60代を過ぎてもずっと突っ走ることができて、70代になってくると自然と周りが落ちてくるというパターン。

花田 どちらにしろ、70代になると自分のいる環境が変わる、変えるということを考えなくちゃいけなくなるわけですね。

幸せの正体は「いつの自分を基準にするか」

和田 人間なんて勝手なものですよ。私は東大医学部卒といっても、そのなかでは落ちこぼれ中の落ちこぼれだったわけです。ところが60歳を過ぎると、ちゃんと出世コースに乗って東大教授になったような同期生から「和田はいいよな。これからもずっと仕事をしていられるから」っていわれるんです。

今まで彼らは肩書きを得るためにずっとがんばってきたのに、**定年退職してからは肩書きをなくして生きていかなくてはいけない。**そのことを考え始めるんですよ。

花田 それまでがうまくいきすぎていたんでしょうね。

和田 私はダニエル・カーネマン*という行動経済学者・心理学者の考え方がとても参考になると思っています。つまり人間って「差」に反応する生き物なんだそうです。

たとえば100億円持っているひとは、100億を稼いだ時点では幸せなんだけど、その後は1万円損しただけで今日は損した日だと思う。ところが1万円しか持っていないひとが100円を拾うと、今日はなんてラッキーな日なんだと思う。

花田 持っているものの量＝幸せ、ではないということですね。

和田 基準点よりもマイナスになると落ち込むし、ほんの少しでもプラスになれば、幸せを感じるんですよ。
それと同じで、かつて大会社の社長さんだったひとが高級老人ホームに入居しても、周りの誰もヘイコラしてくれないから不満を溜め込む。逆にそれまで慎ましい生活をしていたひとだと、ホームの職員さんは誰にでも平等に接するから、こんなに親切にしてもらって幸せだ、と思うわけです。
重要なのは、自分の「基準点」をどこに置くかということ。

花田 確かに、ずっと社長時代を基準点にしていたら、その後はいつまでたっても幸せにはなれない。

＊ダニエル・カーネマン（１９３４年－）……プリンストン大学名誉教授。心理学の研究から得られた洞察を経済学に統合した功績によってノーベル経済学賞を受賞（２００２年）。

和田　最近「**レジリエンス（回復力）**」という言葉が流行っています。誰しも人生で困難にぶつかることはあります。そこから、きちんと回復し、乗り越えられる人はレジリエンスが高いとされ、心の健康を保ちやすいとされます。つまり、人間はうまくいってるときよりも、何かがダメになったときにどう思えるか、どこでどう跳ね返せるかのほうが重要なんでしょうね。

花田　ぼくが参考にすべきかもしれないな（笑）。雑誌を創刊して、それがダメになって廃刊して、というのを何度もやってきたから「雑誌クラッシャー*」と呼ばれたこともあった。でもまだこうして仕事を続けているけれど。

和田　東大教授になれなくったって開業して稼げばいいとか、医師の資格があれば自由業でいられるとか考え方はいろいろあるのに、肩書きがある世界しか考えられないひとが多いんですよ。そういうひとがすごく苦しむのが、「定年後」です。勤め人の場合、定年になるとそれまでの「肩書き」がゼロになりますから。人生が長寿化するということは、**「肩書き人生」といった狭い場所からいかに自由になれるか**、っていうことではないでしょうか。まさに、本物の成長期の訪れです。花田さんはいろんな雑誌で編集長をやってきたけど、結局は「花田紀凱」として生きているわけじゃないですか。

花田 ついには図々しくも雑誌のタイトルにまで（笑）。でも最近はこう言ってるの。「トヨタも、ホンダも、創業者の名前だろ」って（笑）。むろん冗談ですよ。

＊雑誌クラッシャー……文藝春秋刊『マルコポーロ』をはじめ、『uno!』『メンズウォーカー』『編集会議』など、複数の雑誌が編集長を務めたのちに廃刊していることから。

生きるのがうまい人を真似しよう

極貧生活でも多くの人に慕われた祖母

和田

私もある時期から肩書きよりも、「和田秀樹」で生きていけるようになりたいってずっと思っていた。年をとって、変なやつだと思われても「和田秀樹」としてやっていく。そう考えていれば、たとえ会社を定年になったってオロオロしないですよね。

私の母方の祖母は、すごくたくましいひとでした。97歳まで生きたんですけどね。生まれは大阪の大きな商家だったんですよ。ところが戦争で実家が焼けて、さらに結婚した相手がまったく生活力のないひとだった。私が生まれたときにはもう亡くなっていたから知らないんだけど、上野の美校（現・東京藝大）を出てたらしいですね。

とにかく夫に生活力がなくて、それで戦後はひどい貧乏をする羽目になる。

花田 今の70歳以上の読者には、そういう苦しい状況で生き抜いてきたご両親や親族も多い。

和田 そうだと思いますね。その祖母は、実家とは別の地区に納屋が焼け残っていたからそこに移り、祖母がひとりで闇米の買い出しから何からありとあらゆることをして生活を支えたそうです。納屋があったのは、在日朝鮮人や被差別部落のひとたちが大勢暮らしていた地域。祖母が育ったような、裕福な環境とはぜんぜん違う地域です。

花田 お嬢さん育ちのおばあさまには辛《つら》かったでしょうね。

和田 ふつうはそうですよね。ところが祖母は、そういう貧しいひとたちとも分け隔てなく付き合っていたんですよ。私が子どものころ、祖母といっしょに銭湯に行くと、会うひと、会うひとみんなに声をかけられたものです。子ども心にも、おばあちゃんは人気者やなぁと思っていた。

祖母は結局、小さな老人病院みたいなところで亡くなります。最後まで貧乏でしたからね。葬式は、私もお金がなかったし、親族もあまり出せなかったから家でやったんです。

そうしたら弔問客がなんと1500人くらい来たんですよ。

貧乏だったけど、行く先々で声をかけられ、死後も大勢のひとが悼んでくれる。そういう祖母がいたことは私の人生観に大きく影響していますね。

花田

和田さんのおばあさま、幸せな人生でしたね。

「私はちゃいまんねん」と構えてはいけない

和田

祖母の人生は戦争で大きく変えられた。でもそのときに悲しんだり恨んだりするよりも、「世の中が変わったんだ」と思えるかどうかが、そのひとの分岐点になるのではないでしょうか。

花田 「世の中の変化」を受け入れたほうが結局はお得、ということ？

和田 そうです。祖母のように裕福に暮らしていたところからいきなり貧しい地域に放り込まれて、「私だけはちゃいまんねん」みたいなプライドを持つより、**時代が変わったんだと腹を据えられるかどうか。**明治維新のときに武士たちが迫られたのも、そんな覚悟だったんじゃないかと思うんですよね。

花田 なるほど。幕末の武士たちも、同じ思いをしていたのか！　新選組の近藤勇《こんどういさみ》や土方歳《ひじかたとし》三《ぞう》だって、生きていればそれなりの仕事はしたでしょうね。警察官はじめ、政府の役人になった武士も少なくなかった。

和田 きっとそうですよ。そして現代でも同じことがいえます。昔は良かったと懐かしむのはほどほどにして、「世の中は変化するのが当たり前」ととらえましょう。そうして、柔軟に考え方を変えられた人だけが、幸せな70歳以降を送れるのです。

医師の言うことなんて聞くだけムダ

和田 とはいえ上手に生きられるひとばかりじゃないですからね。どんなに年をとっても、70歳のひとは80歳のひとがどんなふうに生きてるか知らない。私は高齢者をこれまで6000人くらい診てきましたから、その経験から少しはアドバイスできると思っています。つまり70歳は71歳を経験したことがない。だからうまく生きているひとの真似をしたほうが、医者の言うことを聞くよりよっぽどいいということ（笑）。

花田 ぼくは産経新聞で「週刊誌評」をやってるので、毎週いろんな週刊誌を読むんだけど、健康についての記事なんか同じ週刊誌で号によって矛盾していることがありますね。特に食べものなんかは、あれは食べるな、これは危険……。全部聞いていると食べるものがなくなってしまう(笑)。

和田 医者もそうですよ。30代・40代の医者が簡単に「あれをしなさい、これをするな、そうでないと長生きできない」と言う資格はないんです。彼らは教科書に書いてあることだけ見て、**目の前の人間を見ていないんだから。**自分が長寿になってから、そういうことを言うべきだと思いますよ。

だから健康長寿になりたかったら、本当に健康長寿のひとを見習えばいいんです。

花田 昔、大熊信行*さんという有名な経済学者としょっちゅう会っていたことがあります。50年くらい前のこと。そのときに大熊さんは80歳くらいだった。

でも銀座のドイツレストランに行って、くねくねと身体を曲げて踊りまくってるんだよね。すごいなーと思って、健康の秘訣は何ですかと聞いたら「枕をしないこと

*大熊信行(1893-1977年)……山形県米沢市出身の経済学者。経済学にとどまらない多彩の功績を残し、歌人や思想家としても活躍。

だ」っていうんですよ、寝るときに枕を使わないと。それ以来ぼくも枕をしていない。でも最近、枕をしたほうが良いという説も聞いて困ってる。ま、大熊さんは元気だったんだから。まさに生き証人、でも踊りだけは真似できなかったな（笑）。

和田　いいことですね（笑）。とはいえ、生きるのがうまいひとはうまいひとで、わりと自覚せずにうまくなっていることが多い。野球やサッカーでもそうじゃないですか。私は高齢者をたくさん診てきたおかげで、少しは体系化してお話しできるのではないかと思っています。

年をとったら「相手の感情」を意識しよう

和田　一時期「EQ《イーキュー》（心の知能指数）」という言葉が流行りました。若いころならIQ《アイキュー》でやっていけるけど、年をとってくるとEQの部分が必要になってくると思うんですよ。

花田 EQ？

和田 Eは感情（Emotion）のこと。簡単にいうと、
・自分の感情を理解し、
・その感情をコントロールし、
・それによって何かをする意欲が生まれ、
・また他人の感情を理解し、
・そして人間関係をうまく作ることができる
という能力のことだといえばいいでしょうか。

花田 意欲というと、さっき脳の前頭葉の話のなかでも出てきましたね。前頭葉を使っているひとは、いろんな新しいことにも挑戦するという。

和田　そうです。ＥＱは、前頭葉と関係しているといわれています。ＥＱ研究のきっかけになったのが、事故で前頭葉を損傷したひとの症例でした。仕事のできる弁護士で、事故後も知能テストや運動能力に何の問題もなかったのに、職場復帰すると感情のコントロールができない。ついには、対人関係に支障をきたし、簡単な仕事もできなくなって、結局堕落した人生を送ったそうです。だから前頭葉には、**感情の相互理解を司る機能**があるんじゃないかという話になった。

花田　見た目は変わらないのに、違うひとのようになってしまったということですか。怖いですけど、それくらい前頭葉は、生活の質に関わってくるんですね。

和田　老害とか暴走老人っていわれる高齢者は、前頭葉の機能が落ちて、自分の感情を理解したり、コントロールする能力が落ちているんじゃないでしょうか。だから前頭葉を意識することが大事なんです。
他人の感情を理解できるようになれば、お説教のように自分の意見ばかりをひとに押し付けることもしなくなるでしょう。

花田　すると人間関係もうまくいくようになって、周囲から慕われるようになる。

和田　そうすれば幸せな気持ちになれるでしょう。人間力も「成長」します。

花田　だけど和田さん、前頭葉を鍛えるなんて、本当にできるのですか？　なんだか難しそうで、ちょっと自信がないなあ（笑）。

和田　もちろん脳は何歳からでも向上するので安心してください。本当に簡単なコツばかりなんですよ。ひとつずつお伝えしていきますね。まずは思いっきり、幸せでいてください。それが長生きの秘訣です。

MATOME

「幸せ」についての結論

- 70歳からが「好きな仕事」をする最高のチャンス！「2回目の人生」と思って思う存分、好きな花を咲かせればいい。
- 失敗こそ「人間の味わい」を深める経験となる。ココ・シャネルを見習って「失敗」を楽しもう。
- 「物わかりのいい人」にはならなくていいし、年だからと運転免許も返納しなくていい。そして医師のいうことも聞かなくていい。
- 「行きつけのお店」や「いつも読んでいる著者の本」から一歩卒業して、前頭葉を若返らせよう。
- 幸せは「いつの自分を基準にするか」で決まる。「世の中は変わって当たり前」だと割り切るのが、うまく幸せになれるコツ。

第 2 章

70歳からの夢

年甲斐もなく、夢を持ってもよいのでしょうか？

かつての「憧れ」が今かなう時代に

老いたからこそ「夢」に取り組む価値がある

花田 前頭葉を刺激すれば、意欲を持ち続けることができるというのはわかりました。でも、何かをやるといっても、この先短いかもしれないし……と遠慮してしまう方々もいるんじゃないですか。

和田 いえいえ、遠慮する必要はまったくありません。みなさん、勘違いなさっていますが、じつは逆なんです。

花田 逆というと？

和田 この先短いかもしれないから、逆に「やる」んですよ！　今でなければ、もうできないかもしれないじゃないですか。年をとった人こそ、**「夢」や「憧れの目標」に本気で取り組むべきときが来た**、というわけです。「大人の青春」そのものでしょう。

花田 70歳、80歳になっても、遠慮せず「夢」を追っていいんですね。

和田 もちろんです！　むしろ、何かに夢中で打ち込んでいる人のほうが、心身ともに充実して、元気に暮らしていける可能性は高い。「夢」をかなえようとすれば、「どうすればよいか」と考えをめぐらし、未知の領域に踏み込む必要がありますね。そうすると、前頭葉がこれでもかと刺激されて、生きる意欲がみなぎってくる。老いる人と老いない人の差は、「夢を持っているかどうか」といっても良いかもしれません。

花田 それは、私たち世代にとったら嬉しい話ですね。だけど、ものによっては何年も忍耐を続ける必要があるのかも……なんて尻込みするひともいるでしょうね。

和田 それも考え方次第で、気にならなくなります。「継続は力なり」というのは子どもの習い事には必要かもしれないけど、高齢者は考えなくていいんです。やってみたけどやっぱり合わないと思ったら、**さっさとやめて次に挑戦すればいい。**だって時間がもったいない。

花田 なるほど。年をとったら、「三日坊主」だって正解になるわけだ（笑）。われわれ世代にやってみたいことを聞いてみたら、誰でもいろいろ「夢」や「憧れ」は出てきますよね。ワインを勉強してみたいとか、フランス語を始めたいとか、フラメンコを習うとか。恋をしたい、というのもいいかもしれません（笑）。

和田 できるひとなら「恋愛」はおすすめですよ。ホルモンの活性化が、いちばんの老化対策ですから。

花田 ぼくには今、3つ夢があるんです。1、早稲田大学で学ぶ 2、アメリカに17年ゼミを見に行く 3、冬のシベリア鉄道でモスクワに行く。17年ゼミというのは、17年に一度大発生するセミなので、もう無理かも（笑）。

趣味でも旅行でも、今や年齢はまったく関係ない

花田 ぼくが最近聞いた話で、98歳の熱烈な歌舞伎ファンという女性がいるんです。ひとり暮らしで足も不自由なんだけど、毎月のように手押しカートを押しながら、歌舞伎座やいろんな劇場に行って贔屓の役者を応援している。同年代の歌舞伎仲間が亡くなったりもするんだけど、どんどん年下の友人を作っていっしょに出かけているそうです。

和田 今の言葉でいう「推し活」ですね。

花田　歌舞伎はいいんですよ。ぼくもこの十数年、毎月見ています。伝統芸能だから次々に若手の役者が出てきて、その成長をずっと長く応援できる。その方は情熱を注げる、いいものを見つけたなあと思いました。

和田　旅もいいでしょうね。私は雑誌『サライ』が選ぶ「サライ大賞」の審査員を、2022年度に引き受けました。その回の賞の候補になったものに、高級リゾートホテルの「70歳以上のサブスク」というサービスがあったんですよ。どんなものかというと、70歳以上なら一定額を払えば、年間12泊まで夫婦で何度でも高級ホテルに泊まれる。毎月行けばすごく安くなるんです。夫婦だけじゃなくて女友達バージョン、ひとり旅バージョンもあって、発売と同時に完売したそうです。

花田　ちゃんと探せば、そういうお得なサービスはきっとたくさんありますよね。旅もいいなあ。ぼくは大学生のころ、ユースホステルを泊まり歩いて北海道、九州はじめ日本を一周しました。あと、20日以上かけて東海道を踏破したことも。そんなことも思い出すと、また行ってみたくなりますね。今はさすがに、徒歩は無理でも。

和田　花田さんならまだまだ歩けるかもしれませんよ。

花田　登山家の三浦雄一郎さんは**80歳でエベレスト登頂に再チャレンジ**して、世界最高齢登頂記録を打ち立てたんですよ。足に3キロの重りをつけて歩いて体力をつける、あの「攻める健康法」の精神は見習いたい。

意外と知られていないが「映画の監督」はすぐになれる

和田　大きな夢を持ったとしても、それが死ぬまでにかなうかどうかはわかりません。でも成功するかどうかが大切なのではなく、トライするかどうかが何より大切です。小説を書きたいなら、今ならネットでいくらでも発表できる。それがもしかしたら大ヒットする、という可能性もないわけではない。

花田 何かに挑戦する、というのは何歳からでもできますからね。

和田 そのとおりです。たとえば**映画を作ることだって、まったくの夢ではありませんよ。**ドキュメンタリー映画であれば、今はタダ同然で作ってしまえる時代です。

花田 そんなに安く、映画が作れるんですか!?

和田 はい、映画好きにはとても良い時代になったんですよ。役者の出演料もそうですが、昔はフィルム代が高くて億に近い金がかかったけど、今はSDカードにデータを保存する時代です。SDカードを使っていれば、1万時間カメラを回しても、高くて30万円くらい。それをひとりで時間をかけて撮影し、編集もMac《マック》*で根気よくやる。デジタルなら照明セットがなくたって、自然のままのような映像が撮れますからね。

花田　お金は安くて済むし、時間もたっぷり使えるというわけだ。

和田　ナレーターだって、いろんなコネを頼ればけっこう有名なひとが見つかって、10万円くらいでやってくれると思いますよ。それで立派なドキュメンタリー映画のできあがり。昔は絶対に無理だった「夢」だって、かなう時代になっているんです。

花田　映像クリエイターにとっては、いい時代になった。今の70歳以上は映画に夢中になったひとも多いから、ぜひ挑戦してみて欲しいですね。

和田　私は、映画の楽しさを子どもたちに伝える活動をやってみたいですね。若いひとは家で動画配信を見るばかりで、「映画館で大勢の観客といっしょに、映画を体験する」

＊Ｍａｃ……アップル社の販売するパソコンとソフトウェアの通称。日本で一般的に流通しているウィンドウズなどと比べると、画像や動画を編集する能力が優れているとされる。

という興奮を知らないじゃないですか。昔は技師がいなければ映画を上映できなかったけれど、今ならブルーレイを再生すればいい。シャッター街になった町の中心地の店舗を映画館に改装するとか、監督を呼んでトークショーをするとか。考えただけでも楽しい。

花田　そうですよ。やはり映画は暗い空間で、他人と空気を共有しながら見ないと。全国にはバブル期に地方自治体が作った市民ホールとかがたくさんあります。でもそうそう有名な音楽家が来ることはないし、著名な作家の講演会もやれない。宝の持ち腐れ状態です。文科省あたりがバックアップして、そこに映写機を貸し出す。そして各映画会社に頼んで、古い映画のフィルムを借り、定期的に映画会をやる。

和田　ネットフリックスやアマゾンプライム*もいいけど、映画館で見る楽しさを若いひとにも知って欲しいですからね。高齢者には懐かしいし。

花田　100円くらい取って、運営費に回してもいいんじゃないですか。ぼくは雑誌の仕事を終えたら、そんなことをやってみたいと昔から思っているんですが、なかなか雑誌の仕事が終わらない（笑）。

「アホらしい夢」ほど積極的になるべき理由とは

花田　もうひとつ、ぼくが前からやりたいなあと思っているのは、『街かど動物園』という写真集。街を歩いていると変なところに、いきなり動物の像があったりするんですよ。ビルの屋上にキングコングがいたりとか、京橋のビルの前にはなぜか大きなキリンが置かれてたりとか。神保町の東京堂書店入口には必ずフクロウがいる。

和田　全国にはそれはもう、無数に存在しますよね。

＊ネットフリックス、アマゾンプライム……いずれもインターネットでの動画配信サービス。映画やドラマ、ドキュメンタリーなどの映像を会費を支払って見放題できるサービス。

花田　「どうしてこんなものを置こうと思ったんですか」とか所有者にインタビューもして。きっとその理由も面白いと思うんですよね。

和田　ちょっとした思いつきでも、自分でアホらしいと思わずにやってみればいいんですよ。じつは、アホになれるのが「高齢者の特権」です。肩書きからも自由になって、周囲の目も考えなくていいんですから。

花田　もう誰にも怒られたり、迷惑かけたりしないですからね。まさに特権だ。

和田　私もいつか特権を使いたい「アホらしい夢」があるんです。私は大阪出身ですが、関西人なら誰でも一度は漫才師になりたいと思うものなんですよ。だから昔から弟に、**コンビを組んで漫才をやろう**といっている。弟がなかなか乗ってこないんですけど。

花田 いいですね。お笑いコンテストの「M－1グランプリ」には若いひとばかりでなくて、40～50代の社会人もコンビを組んで、アマチュアとして出場しているそうですよ。

和田 それこそ酸いも甘いも噛み分けた作品を披露して欲しいですよね。私はM－1の審査員も全員80歳以上にすべきだと思っているんです。若い子なんてそれこそ箸が転んだって笑うわけでしょう。そうではなくて人生の経験者を笑わせてこそ、本当の芸じゃないですか。

花田 年月を重ねたからこそ面白くなる芸ってありますよね。

ダジャレは最高のクスリ。「笑わせる人」は老いない

和田 ひとを笑わせようとするには、前頭葉を使いますからね。日常の決まりきったことは脳のなかの側頭葉で自動的に処理されるから、そこを外さないと笑いって出ない。予

想していたことを裏切られたときに笑いが起こるわけです。だから前頭葉を刺激するのにも効果がある。

花田　予想していなかったような思いがけないこと……。「そこかーい！」とツッコむような場面ですね（笑）。

和田　よく年をとるとダジャレを連発するひとがいるじゃないですか。そういうのもいいと思いますよ。

花田　ぼくの小学校、中学校の同級生、小森敦己《こもりあつみ》クンはダジャレの名人で、今も年中ダジャレをいってひとを笑わせている。スベることも多いですけどね（笑）。

和田　それでいいんですよ！　ウケないかもしれない、とビクビクするのが良くない。**ダジャレは作って、それを口にすることに意義があるんです！**

60代までは仕事柄や役職があったり、またはエリート街道を歩いてきたり、立派な母親を演じたりというので真面目な顔で生きていたけど、たぶん世の中には「本当は私はダジャレが好きなんだ」と思っているひともいっぱいいると思う。そういう変なオトナになりましょうよ。

花田 ダジャレは我慢せず、口に出したほうがいい！　良いことを聞いた（笑）。小森クンに教えてやります。

「異性にモテたい」は身体も若返る一石二鳥の夢

和田 70代はもう肩書きで生きる時代じゃないですから。そうしたらいかに面白いオトナになるか。女性でも男性でも、年をとって元気なのは「**話が面白いひと**」ですよ。

花田 そうでしょうね。それで話が面白いひとというのは、自分から活動的にあちこちに行って、いろんなことを見聞きしていることが多い。取材などで毎日のようにひとに会っていると、そう思います。

2022年に亡くなった文藝春秋の元社長・田中健五さんは晩年、高級老人ホームで暮らしていて、ぼくも何度か面会に行ったんですけど、驚いたのはすごくモテていたこと。いっしょに歩いたりエレベーターに乗ったりしても、女性たちから「健五さん、健五さん」と話しかけられていた。やっぱり経験が豊富で、話が面白かったからでしょうね。

和田 日本の老人ホームは、一般的には女性のほうが圧倒的に多い。ちょっと魅力的な男性だったら、それはモテると思いますよ。だからホームに入ったら終わり、ではなくて、特に男性はチャンスだと思わないと（笑）。

花田 「老人ホームで逢いましょう」なんてキャッチフレーズどうでしょう。

和田　「モテたい」と思うのは下心でも何でもなく、人間の本能。**男性ホルモン、女性ホルモンが活性化するので心身ともに若返ります。**ですから、「モテたい」というのはおすすめの夢ですよ。

街で「話のネタ」を3つ拾えば人気者に

和田　話をするのでも、どこかで読んだり聞いたりした話をとくとくとするよりは、やっぱり自分が経験した話のほうが面白いですね。そういう話なら、若者も面白がって聞いてくれる。説教くさいのがダメなのは、相手の感情を気にしていないから。EQが大事だとお話ししたとおりです。ひとの気持ちが理解できなくなっている証拠。

花田　ぼくも編集部の部下たちと話すとき、説教くさくなってないか心配（笑）。

和田　花田さんの説教は愛情があるから大丈夫ですよ（笑）。面白い話をしたいと思う人は、引退して時間ができたなら、街へ出て話のネタを拾ってくればいいじゃないですか。一日歩いて、3つネタを拾うのを目標にするとか。

花田 さっきの田中健五さんは現役時代、1日3人、未知の人に会って話をするというのがモットーだった。それに、歩くのは健康にいいですからね。ぼくは15年くらい前から万歩計を持ち歩いていて、今は一日最低7000歩が目標。でも多い日は2万歩歩きます。

和田 拾うネタもものすごくくだらなくていいと思う。ラーメン屋の行列に並んでみたとか、コンビニの新しいアイスクリームを食べてみたとか。

花田 毎日探していればネタを拾うコツも身につくし、どこに面白いものがあるかという嗅覚も働くようになると思いますよ。これは、50年以上の雑誌編集キャリアからいえることです（笑）。

和田　花田さんがいうなら間違いないですね（笑）。こういうのは気軽に取り組めるかもしれないけど、もっとハードルの高い目標を設定してもいい。やっぱり生きている以上は、**「夢」をあきらめちゃいけない。**多くの高齢者を見てきた経験からいえるのは、夢や目標を持って何か好きなことに夢中になっているひとほど、心も身体も元気だし、長生きする傾向にあるということです。

花田　〝老年よ、大志を抱け〟。

和田　フラメンコを踊りたいとか、ワインを学びたいとか、何でもいいじゃないですか。私もワインが大好きなので共感しますよ。

年をとるのは「学びの大チャンス」

シニアの特権は勉強する喜びを得られること

花田 若いころにさまざまな理由で学校に行けなくて、年をとってから学び直すひともいますね。70歳を過ぎてから夜間中学に入り、卒業して80歳で定時制高校に入学した女性の話を最近聞きました。漢字を覚えて、因数分解ができるようになったのが楽しくて仕方がないとおっしゃっていた。

和田 今80歳というと、戦後の混乱があったり、日本がまだ貧しかったりで苦労された世代ですね。でも学ぶ喜びを知るというのも、**年をとったからこその特権のひとつ**だと思うんですよ。私なんか東大卒というだけでよく「和田さん、勉強が好きだったんでしょう」といわれるんですが、若いころは「学ぶ」というのは強制だから、すごく嫌だったんですよ。

花田 へえー、それは意外だな。

和田 みんな同じなんじゃないですか（笑）。勉強そのものが好きになったのは30歳くらいになって、精神分析を本格的に勉強し始めてから。それまでは受験勉強をゲーム感覚でやってたから、点を取るのが好きだった。やり方が当たれば点が上がる。攻略本を見ながらゲームをやってるようなもので、得点したり同級生と競争したりというのが面白いという話なんですよ。

花田 それで勉強ができるのもすごいけど（笑）。

和田　だけど、その定時制高校に入学した女性のように、年をとってからは純粋に、漢字を覚えたとか因数分解ができたとかで嬉しくなるわけじゃないですか。そのほうが本来の学問の姿に近いし、すばらしいことです。

花田　ぼくは書道をやりたいと長年思っていたけど、週に何回か習いに行くという時間がとれなかった。でももし80歳になった今行ったら、たぶん教室で最高齢になるんじゃないかな。そうしたらみんなが大事にしてくれるんじゃないかなと思うんだ（笑）。

和田　そうでしょうね。だから「いい年をして恥ずかしい」というのではなく、「**いい年になった今こそ学ぶときがきた**」なんです。羞恥心なんか捨てて、学ぶ嬉しさや、新しい体験をする喜びを優先するべきですよ。

花田　年をとったら、「恥ずかしい」は捨てなきゃダメですね。

日本の健康常識は50年前と同じまま

和田　日本人は勤勉で真面目なんだけど、それが反対方向に向かうと強い同調圧力になってしまう。「みんなと同じ」が正しいことだとされるから、チャレンジングなひとが出てきにくいのがもどかしいところです。
とにかく日本では「上に逆らう」というトレーニングをしないですね。欧米の教育現場ではディベートが重視されるでしょう。大学だと、教授に議論をふっかける能力は高い評価の対象になる。

花田　だから日本人は議論ができない。それは和田さんが長年、受験の指導をしてきたなかで気づいたことですか。

和田　そうですね。日本は以前、受験競争の盛んな上昇志向の強い国といわれていたけど、すでに昔の話だなと思ったわけですよ。どうも日本人っていうのは「人間は変わらないものだ」と思っている気がする。たとえば私が学歴を聞かれて「和田さんは賢いんですね」といわれたって、東大に在学していたのなんてもう40年も前の話じゃないですか。私の本や映画を見てそういってくれるなら嬉しいんだけど、そういうわけでもない。医学についても同じ。50年もたてば状況は大きく変わります。高齢化は進むし、栄養の摂取状態は変わるし、ガン患者の数は増えている。それなのに**健康常識は50年前と同じ**なんですよ。

花田 いわれてみると、確かにそうですね。

和田 たとえば脳卒中が怖かった時代なら塩分を控え、血圧を下げるという方針は有効だったかもしれない。だけど、今は日本人の食生活が変わったおかげで、肉などからタンパク質をたくさん摂取するようになった。その結果、タンパク質のおかげで血管が強くなり、血圧が220あっても容易に破れなくなったんです。

花田 ええ、そうなのか！　健康オタクのぼくでも知らなかったな。

和田 日本は天動説から地動説に切り替えるのが難しい国なんだなーって、つくづく思いますよ。

マスクもそう。諸外国はウィズコロナにどんどん舵を切っているのに、日本人はたとえ政府がマスクをしなくてもいいという場面でさえも、ほぼ全員がマスクをしたまま。今いわれていること、やっていることに疑いを持つことさえしない。

花田 同調圧力ですよ。マスクは本当にもういい加減にして欲しい。

和田 今の日本は、ガンで死ぬひとがいちばん多い国なんです。3人にひとりの死因がガン。だから笑いを取り戻して免疫力を上げて、ガンに対抗しないと。それなのにコロナで全員がマスクをする時代になって、他人の口元も笑顔も見えなくなった。**それはすごくメンタルに良くないです。**

花田　今の子どもたちの将来が心配になりますよ。お父さんやお母さんも一歩外に出ればマスクをしているし、ほとんどの人間の鼻から下を見ることなく、3年も過ごしているわけです。もっと大きくなったときにコミュニケーションに障害が出た、といわれても驚かないでしょうね。

和田　せめて基礎疾患に問題がないひとからでも、屋外では率先してマスクを外して欲しいですよ*。こういうときこそ、社会的にしがらみの少なくなった高齢者の出番ではないでしょうか。
私はじつは、そういう日本人の姿について一冊の本を書きたいと思っているんです。

花田　和田さんの「日本人論」ですか。それはぜひぼくの雑誌でお願いします。

和田　大きな夢でしょう（笑）。死ぬまでチャレンジし続けますよ。

＊本書制作中の2023年1月末時点で、政府は「2023年春から屋内でのマスク着用は原則不要」の方針を出している。

MATOME

「夢」についての結論

- 老いたからこそ「夢」に取り組む価値がある。映画監督でも、ブティック開業でも、意外とすぐになれる夢だってある。
- 趣味でも旅行でも、今や年齢はまったく関係ない。好きなだけ夢や憧れをかなえるために行動すればよい。
- 「異性にモテたい夢」は、心身ともに若返って一石二鳥。話の面白いひとになるために、まずは街に出て「話のネタ」を3つ拾おう。
- ダジャレは最高のクスリ。周囲を「笑わせられる人」は元気で老いないし、気の利いたシニアとしてモテモテになる。
- 勉強する喜びを得られるのはシニアの特権なので、「老年よ、大志を抱け」の精神で学問に精を出すのもおすすめ。

第3章

70歳からのお金の使い方

お金をどうやって使ったらいいのか、わかりません!

お金は「脳」を刺激する道具

ワクワクするほど脳は老いから遠ざかる

花田 年をとって、時間もお金もゆとりが出てきたのだけど、そのお金をどうやって使ったらいいかわからないというひとが少なくない。使うことがないというんですよ。

和田 それでは本章では、「お金の使い方」についてお話ししてみましょう。

花田 じつは、ぼくもあまりお金を使わないほう。というか、使う必要がないの。服だって、もう何を着ていても失礼だと怒られる年ではないし、世の中もビシッとスーツにネクタイでなきゃいけないという雰囲気でもなくなったでしょう。編集の仕事が忙しいから旅行にも行けないし、せいぜい映画を見に行くか、本を買うくらいで。

和田　**お金を使うという行為は、脳の「前頭葉」をすごく使うんです。**何に使ってやろうか、どんな楽しいことをしようかと考えるのはワクワクするでしょう。老化予防にとてもいいんですよ。

仕事をすることも脳を全体的に使うけど、日常業務になっている部分も多い。お金の使い道を考えることは前頭葉に対する新しい刺激になります。

花田さんにとっては本を買うことも仕事の一部で、ルーティンワークじゃないですか。

花田　そうか、ぼくは前頭葉を使っていないのか。それはまずいね（笑）。

和田　前頭葉が活発に機能していないと、悲観的なことを考えてしまいがちですよ。前頭葉は、いろいろな想定をするところ。楽観的にも悲観的にも、両方想定できますが、前頭葉があまり働かず悲観的な方向にばかり想定するひとは、思考の幅も狭い。だから年をとればとるほど、新しく楽しい「お金の使い方」を考えたほうがいいんです。

花田 とにかくルーティンではない新しいことをやること。さっきもいったように、大金持ちとはいえなくとも、小金持ち高齢者は少なくない。日本の金融資産の6割超は、60歳以上の世代が保有していますんですから。

和田 そう、それをより若い世代にどうやって流していくかが問題になっています。だから「**引退したらお金を使う**」っていうのが、私はすごく大事だと思っているんです。

花田 漫然と使うのではなく、積極的に使う、ということですね。

和田 退職金で記念に世界一周クルーズというのもいいじゃないですか。体力があるうちのほうがより楽しめるし、奥さんにだって喜ばれるでしょう。「若いころはできなかったけど、夢だった」ということをまさに実現させる時期ですよ。これぞ「青春の旅」。

花田

渡部昇一*さんは、世界的な古書のコレクターでした。ちょうど上智大学を定年退職されるときに、あのダーウィンの『種の起源』初版本が売りに出た。価格は3000万円。しかもそれは若いころにドイツに留学していた渡部さんが、ある実業家にして蒐集家であるひとの家で見て憧れていた、その本だったんです。そのころその実業家が事業に失敗し、コレクションが売りに出された。縁ですよね。それで奥さんに「退職金でその本を買ってもいいか」と尋ねたら、奥さんが「ダメといってもどうせ買うんでしょ」と(笑)。

*渡部昇一(1930-2017年)……英語学者。上智大学名誉教授。歴史、政治、社会に精通した評論で「知の巨人」と尊敬を集めた。

和田　偉い奥さんですね。

花田　渡部さんはもう亡くなられましたが、たいへんな蔵書家で、「本の背中を見て死にたい」と大きな書庫付きの家を建てた。ご存命のときに、渡部さんが亡くなったら、あの蔵書がどうなるのかと思って聞いたことがある。するとこう仰られた。「本は世の中に流通させるのがいちばんいい」と。続いて、「古書を売ると4者が喜ぶ。売ればまず遺族が喜ぶ。次に古本屋が喜ぶ。3番目にそれを買ったひとが喜ぶ。そして何より、本が喜ぶ」。そう仰っていました。

和田　図書館や大学に本を寄贈しても、喜ばれる時代ではもうなくなってしまいましたから。

花田　京大のある著名な先生の蔵書を遺族が京大に寄付したら、長い間農学部の倉庫に農機具などといっしょに置きっぱなしにされてホコリをかぶっていたという話もあります。果ては整理もされないまま、廃棄されてしまったとか。渡部さんのコレクションはいずれまた、新しいコレクターの手に渡って、そのひとを幸せにするでしょうね。

和田　そう、本当にいいものは価値が下がらないから、売れますよ。売れたら家族も幸せになる。

私がたとえでよくいうのは「退職金でポルシェを買ったらどうですか」ということ。スポーツカーに憧れていたひともいるでしょうし、資産価値もある。「誰が運転するんだ」「危ない」とかいう外野の声は聞かなくていいですよ（笑）。やっと買った高級車を傷つけたいひとはいません。それに高速道路でカーレースをやりたいと思っているわけではないのですから。

お金の使い方にも性格やセンスが表れる

花田　『週刊文春』編集長時代に社長賞をもらったことがあって、その賞金をどう使おうかなあと思っていたら若い編集部員が、「ホテルのパーティなんかでやるような、寿司屋が編集部に来て屋台を出して握ってくれるのを食べたい」っていう。どこに頼んだらいいのかいろいろ聞いて、それで編集部に来てもらったらすごく盛り上がりましたよ。でも、あっという間にネタがなくなった（笑）。

和田　おもしろいですね。いろいろ考えれば、意外な使い方ができますよ。**何より、脳の前頭葉が若返るのがいい。**

アメリカのお金持ちは、内輪のパーティに元大統領を呼んで講演会をしてもらうことがあるそうです。謝礼が２０００万円だったと聞きましたけど、突っ込んだ話が聞けるでしょうね。あと、有名シェフが自宅で料理をしてくれる権利をオークションにして、慈善事業に寄付したりとか。社会貢献にもなります。

花田　そんな豪快な使い方はなかなか日本ではできないけど（笑）、もっと小ぶりにすればできるかもしれませんね。

和田　年をとったときの最大の強みは、時間を味方につけられること。以前、退職した男性が蕎麦を打つというのが流行りました。あれは食べさせられるほうが困ったでしょうけど（笑）、自分で打たなくてもいろんな名店を食べ歩いてもいいのではないでしょうか。

私の知人は文学作品に出てくるお店を丹念に訪ねていて、自分ではなかなか行けない若いひとからよくアドバイスを求められていますよ。自分から知識を押し売りしなくても、周囲は意外によく理解してくれているものです。

花田　ぼくは会社が東京の神保町にあるから、古書店街をよく歩くんですが、店頭に出ている100円均一などのワゴンを高齢者がよく見ていますね。時間があればこそです。神田・神保町といえば世界一の規模を誇る古書店街ですから、そういうものが日本にある幸せを感じますね。

和田　紙の本がどんどん売れなくなっているといいますが、若くても本が好きなひとは確実にいますし、古書店に憧れたり、実際に開店したりというひとも多いんです。そういうひとと話す機会もできるかもしれませんね。

和田 私自身は、自動車の「二種免許」を取るのもいいなと思っているんですよ。

花田 二種って、バスやタクシーが運転できる免許ですよね?

和田 そうです。タクシードライバーって思いがけないいろんなひとに会えるチャンスがあるじゃないですか。政治評論家の櫻井よしこさんは、飛行機の操縦免許を持っていらっしゃるとか。

花田 そうそう、誰かを乗せたら、すごく怖がられたとおっしゃってました。ぼくだって正直なところ、誘われても乗りたくありません(笑)。

和田　免許取得も時間をかければできることのひとつでしょう。パイロットの免許だって、アメリカなどなら年齢差別がないから挑戦できるでしょうね。日本でも年齢の上限はないそうですが、実際はどうでしょう……。

逆に、普通免許を返納したらトラクターも乗れなくなります。それで農業もできなくなって、急にボケて鬱になったひとがいると知り合いの医者から聞きました。だから最近の、高齢者に免許を返納させる圧力は本当に許せません。犯罪にも等しいと思っています。

花田　実際に危ないのなら、運転をしなければいいだけですからね。わざわざ手放す必要はない。

いい年だからこそ、服や身だしなみに投資したい

和田　年をとってお洒落になるというのもありだと思いますよ。さっき話にも出たシャネル

のスーツなど、やはりある程度人生の貫禄がついた女性でないと着こなせないと聞いたことがあります。和服も凝り始めるとけっこうお金がかかる。**外見は意外なほどそのひとを変えますからね。**生き生きと若く見えたり、気品が出てきたり。良いものを身につけていると思えばシャキッと背筋が伸びますから、即効性もあります。

花田 和服は男性だと多少腹が出ているほうがカッコいいから、ちょうどいいかも。あとは麻生太郎さんのようなボルサリーノの帽子かな。若いときはチンピラに見えても、年をとれば親分になれる（笑）。ぼくもいくつか買ったけど、かぶってもなかなかサマになりません。

和田 自分が着て似合うものを探しましょう。試着に1時間かけたっていいんだから。

花田 店に嫌がられませんかね。

和田　最後にちゃんと買えば嫌がられません。それよりも年をとってお洒落になるって、カッコいいですよ。ファッションのセンスだって「成長期」ですから。

花田　ぼくはたくさんのひとに会ってきたけど、なかなか「白洲次郎みたいにカッコいいジイさん」っていうのはいないなあ。カッコいいバアさんは3人くらいいたけど。

和田　それなら花田さんがそれを目指しましょう（笑）。年をとるってこんなに楽しいんだ、と伝えたいじゃないですか。
私がカッコいいと思ったのは、頭のいいひとですね。最近だと養老孟司《ようろうたけし》さんと対談してそう思いましたし、私の師匠にあたる竹中星郎《たけなかほしろう》*さん、それに土居健郎《どいたけお》*さんも

*竹中星郎（1941－2019年）……精神科医。専門は「老年精神医学」。本書の著者、和田秀樹も勤務した浴風会病院の副院長なども歴任。
*土居健郎（1920－2009年）……精神科医、聖路加国際病院の精神科医長、東京大学医学部教授、国際基督教大学教授などを歴任。名著『「甘え」の構造』で知られる。

カッコ良かった。

花田 やっぱり頭を使い続けているひとですね。

脳は使い続けるほどに冴《さ》えていく

和田 先日、脚本家の高田宏治《たかだこうじ》さんとお話ししたのですが、とてもシャープなひとでした。もう88歳ですけどね。映画の『仁義なき戦い』をずっと書いていたひとです。今でもいろんな映画のアイデアがあるそうですよ。

花田 88歳でも創造力が衰えないというのはすごいね。ぼくも希望が持てます（笑）。

和田 高齢者に創造性を求めるなという声もあるけど、それはおかしいですよ。あっと驚くような斬新な発想は若いひとから出てくることが多いかもしれないけど、**何歳になっ**

ても何らかの形で創造することは可能です。

花田　あの葛飾北斎《かつしかほくさい》*は90歳で死ぬまで絵を描いていましたね。「あと10年の命があれば、本物の絵描きになれるのに」といいながら。

和田　こういうことをしたいという理想があれば、それに打ち込めますよね。たとえ歴史になんか残らないとわかっていても、自分が面白いと思うことをやっていればそれは伝わります。
土居健郎さんには「和田くん、人間は死んでからだよ」って何度もいわれました。自分が死んだあともしばらくは思い出が残っているわけですから、そう思うとやっぱりあまりカッコ悪いことはできないなあと思いますよ。
周囲のひとに「あのジイさん（またはバアさん）、あんなことを一生懸命やっていた

＊葛飾北斎……江戸時代後期に活躍した浮世絵師。代表作に『富嶽三十六景』や『北斎漫画』『富嶽百景』など。その作風は、ゴッホをはじめとした世界中のアーティストに影響を与えた。

なあ」という記憶が残れば、いつか名前が忘れられても、それは次の世代に何かを伝えたことになるのではないでしょうか。

花田 そんなカッコいいことできるかなあ。

子どものためにも、遺産は残さず使い切りなさい

和田 まずひとつは、「ケチケチしないこと」だと思います。

一般的にいって70代までは、お金持ちの周りにはひとが近寄ってくるんだけど、それ以降になると「このひとはお金を使わないな」と思われたとたんに相手にされなくなってしまう。だから持っていることより、**いかに、いくら使うかということがそのひとの人気につながります。**

日本人は30年あまり前のバブル時代に、金ぴかの消費社会のなかで初めて金を使う体験をしました。でもだいたいは会社の経費だったり、あるいは税金対策だったりした

から、自腹を切ってめいっぱい遊ぶっていう実感がなかったんですよね。自分のお金を使うというのは、新しい体験になるかもしれません。これは前頭葉を刺激しますよ。

花田　でも、次の世代に財産を残してやりたいと思うのも人情じゃないですか。孫のための学費貯金とか。

和田　花田さんくらいの年代のひとたちの子どもは、すでに結婚している場合も多いでしょう。そうすると子どもたち自身は仲が良くても、遺産ということになるとそれぞれの配偶者が「うちは介護をしたけどあっちはしなかった」とか口を出して、たいていケンカになるんですよ。そういうケースを山ほど見てきました。

花田　確かによく聞く話です。でもみんな「わが家だけは違う」と思っているんですよね。

和田　そんなことは誰にもいえません。だから**財産なんて残さないほうがいい**、と私は信じています。

花田　相続の専門家に聞いた話ですが、意外なことに、高額ではなく少額の遺産でもめるケースが多いみたいですしね。

和田　遺産でなくても認知症などで財産の管理能力がないと判断されたら、子どもが「成年《せいねん》後見人《こうけいにん》＊」として、本人の意図とは違うお金の使い方をすることだってあり得ます。

花田　成年後見人制度には、トラブルが頻発しています。弁護士が喰いものにしている。

和田　私がいちばん腹立たしく思っているのは、親が老人ホームに入るとき。初期費用で数千万円払っても一般的には10年で償却されるから、長く入居すると返ってくるお金がゼロになる。だから遺産の目減りを嫌がる子どもたちが入居を邪魔することがあるんです。本人にはお金があるのに、十分な介護を受けることができない事態が起こる。

花田 そんな親不孝な子どもたちが！　でも高齢者はみんな、ウチだけは違うと思っているんでしょう。

和田 日本には「遺言を残す」という考えがあまり定着しているとはいえないし、遺言があっても遺留分を申し立てれば、ある程度もらえるという思いがある。それで親孝行をしなくてもお金は勝手に入ってくると思っている不届きものが結構いるんですよ。

花田 親としては、親孝行は勝手にやってくれるものだと思い込んでいますしね。

和田 だから子どもに残すんじゃなくて、**高齢者が自分でお金を使えばいいんです。**それが日本の景気を回復させるいちばんいい方法ですよ。

＊成年後見人制度……認知症や要介護者、知的障がい者など、生活を営むための判断能力が不十分な者の代わりに、弁護士や親族が財産管理や生活支援をする制度。

労働者から「消費者」になれ

お金を使える人は、家族にも、日本にも役に立っている

和田 「現役」という考え方も、「現役の労働者」よりも「**現役の消費者**」なんだという方向へ転換してください。

「お金を使うのは若者だ」というのはもう50年前の古い発想です。高齢者が増えてもマーケットは縮小しないとみんなが思うようになれば、日本の経済は成り立ちますよ。人口減少の問題は深刻ですが、でもまだ1億2000万人いる。内需が大きいのは国の強みです。お金が国内で回るんですから。

70代になって将来の不安を感じるよりも、やりがいを追求してどんどんお金を使いましょう。

花田 将来が不安だというひとが多いのは、政治が国民に安心感を与えることができていないからだという説もありますけど……。でも確かに、今のところは**年金制度も破綻していません**からね。もらえるならそれを貯め込まずに使ったほう が、社会の役に立つ。お金を使って、やりたいことをやればいい。そういう考え方が広まると勇気が出るし、きっと社会も変わりますね。

和田 日本社会が少子高齢化するということはずっと前からわかってたことなのに、ひとびとはマインドセット（価値観や習慣的な考え方）を変えることをずっと怠ってきた。これは日本の明らかな失敗です。だから今からでもいい。ひとの気持ちを変えていかなければいけません。

花田 ぼくは80歳になった今もまだ仕事をしているから、年金が少ないんですよ。同級生なんかはだいたい引退しているから、満額もらって年金暮らし。いつも損をしたような気になって、友人にいうと、年金は相互扶助だからいいんだと。

和田　そこは考え方ですよね。働いていることが健康につながっているともいえるから、それは金額に換算できない。

花田　逆に健康じゃないと働けないから、自己管理もしてるんですよ。お金もかかります（笑）。でもそんな健康管理もしないで病気になって、医療は受ける、年金ももらえるって、どっちがいいんでしょうか。

和田　それは、元気なほうがいいに決まっています（笑）。とにかく私が声を大にしていいたいのは、**子どもはあてにしない、お金の使い道は自分の頭で決める**、ということです。

花田　そこは人情として……（笑）。子どもや孫に囲まれている老後の姿を思い浮かべてしまいますよね。幸せそうじゃないですか。

和田　だからといってお金を残してやることはありません。親の莫大な資産をあてにする、たくさんの息子さん、娘さんを見てきました。親のやりたいことを邪魔してまで大金を譲り受けても、結局うまく使いこなせずに全部失ってしまうこともよくあるんです。すると面白いことにその子どもたち、つまり孫世代が、情けない親の姿を見て奮起することが多い。自分の努力で人生を切り開く力が湧くんです。

花田　孫の世代のためにも、お金は自分で全部使ったほうがいいと。

和田　自分がやりたいことのためにお金を使ったほうが、自分のためにも社会のためにもなります。第2の人生は「現役の消費者」として、活躍していきましょう。老後はなんとかなります。というよりも、**70歳を超えた今が、老後なんです。**お金を貯めることではなく、老後のために貯めてきたお金を、今こそ使うことを考えましょう。

どんどん使っても「お金が足りない」にならない理由

花田　でもそんなことにお金を使っちゃっていいのかなあ、と思うひとも多いんじゃないですか。趣味や夢だったこともやってみたいけど、現役を引退して収入がなくなるのは不安なものじゃないですか。

和田　そう感じる方もいらっしゃるでしょうね。

花田　特に最近のように「人生100年時代」だと散々いわれると、「今70歳ならあと30年。お金は足りるだろうか」と思ってしまいますよね。だから本当は仕事を辞めたいと思っていても、やめられない人も多いのでは。

和田　もちろん、精神安定剤として働くこともあるでしょう。ですが今こそ「何のために働くか」を考えるべきではないでしょうか。お金が欲しいのは何のため？

花田　いちばん大切な部分ですね。

和田　年金はもらうつもりになれば65歳からもらえますね。なのに70歳を過ぎても「貯金をしたい」ということなら、考え直したほうがいいと思いますよ。ヨットを買うためにお金を貯めているとか、死ぬ前に絶対に宇宙旅行に行きたいとか、はっきりした目的があるならいいでしょう。でも「なんとなく不安だから」ということなら、そんなに不安に思わなくていいんですよ。

花田　でも日本経済がこれからどんどん上向きになるとも思えません。

和田　**お金を使うのも、日本のためには立派な仕事ですよ。**
日本の産業は生産性が低いことが問題になっています。だけど工場でも工事現場でも、たとえばロボットで代替できるところはやってコストカットをしたり、効率を上げたりするべきで、雇用維持のために古いやり方をずっと変わらず続けるというのは間違っていると思いませんか。
それと同じで、ただ不安だから仕事にしがみつくというのではなく、そういうのは若いひとに譲って、自分はやりたいことをやればいいんですよ。

花田　高齢者はやりがいや趣味に没頭するのが仕事だ、と。

和田　若いひとは違いますよ。これから人生や生活の基盤を作っていかなくてはいけませんから。でも高齢者、特に70代以降になれば、お金を使うほうが国と社会のためになるんです。「現役の消費者」であると自信を持ちましょう。70代以上の「成長」は、日本の「成長」につながりますから。

花田　でも心配だなあ。日本人はこうしなきゃいけない！　といったん思い込むとみんなで同じ方向を向いちゃって、突っ走って誰にも止められなくなるんだから。高齢者がみんな好き勝手なことを始めたりして。まさに暴走老人（笑）。

和田　それもいいんじゃないですか（笑）。というのは冗談で、何事にも中庸が必要ですが、でも日本人にはそういう極端なところがあるわけです。逆にいえば今は「高齢者はお金を貯め込んで使わない」というのが当たり前になっているし、新型コロナが流行し始めてからは「自粛」が当たり前になり、「マスク」だってまだ多くの人が外せない。お金を儲けることだけが仕事なんじゃなくて、自分が楽しいこと、ひとに喜ばれることが仕事だということです。お金を使って消費活動をすることもそうです。

花田　この先が短いかもしれないからこそ時間もお金も使うんだ、と励まされると元気が出ます。

日本は「文無し」に優しい最高の福祉国家

和田　日本というのは変わった国ですよ。悲観的な考え方しかできないひとは日本の福祉が貧しいとかお粗末だとかいいたがるけど、客観的に見て実は、制度としての福祉はかなり、世界的にもいいんです。
ただ困ったことに、申請しない限りは1円ももらえないし、役所のひとが制度の利用を勧めてくれることもない。ちゃんと制度を理解しているケアマネージャーさんや病院などに出会えるかどうかにも左右されます。

花田　それって運頼みですよね。松島トモ子*さんも100歳を超えたお母さんの介護の際、ケアマネージャーさんが敏腕だったので本当に運が良かったと話していました。

和田　でもそこさえクリアすれば、日本では行き倒れになる心配はありません。

さらに、これは高齢者をたくさん見てきた私だからこそいえるのですが、**本当に身体が弱ってきたり認知症が進んだりすると、意外にお金はかからないものなんですよ。**たとえば施設に入れば、あとはオヤツ代くらいしかかかりません。

花田　そうはいっても、手元にお金がないと不安でしょう。なぜか日本のメディア、とくに週刊誌では「老後の不安」を煽り立てるばかりですし。

和田　実際のシミュレーションをしてみましょう。厚生年金が夫婦で月に27万円。老夫婦なら食費や光熱費などの生活費は月10万円くらいでしょう。家のローンが終わっていたら、月に15万円くらいは余るんじゃないですか。

花田　お金を残さなくていいと決めてしまえば、結構、余裕がありますね。メディアも本当

*松島トモ子（1945年-）……旧満州（現中国東北部）生まれ。4歳のとき、ニュースのバレエ姿が映画関係者の目にとまり、映画デビュー。女優や歌手として長きにわたり芸能界の第一線で活躍する。

は「こうすれば老後もへっちゃら」というポジティブな報道をするべきだな。

和田　企業年金があれば上乗せされるし、さらに攻めるなら、リバースモーゲージという手段でさらに上乗せしてもいい。貯金を使い切っていたとしたら、生活保護があります。年金をもらっていたら生活保護は受けられない、というのは誤解です。個人差はありますが、生活保護の支給額は月に12万円ほど。国民年金が月6万円ほどだから、その場合差額の6万円が生活保護としてもらえますよ。年金が11万円なら差額1万円。

花田　いやあ、差額をもらうなんて厚かましいじゃないですか。もし11万円でギリギリ生活できているなら、70を過ぎてそんな恥ずかしいこと……。

和田　いえ、受けたほうがいいです。なぜかというと、そのときは**医療費も介護保険料も、公費で賄われる**からです。

花田　え⁉　医療費と介護保険料が無料に？

和田　そうなんです。つまり、お金の余裕が少ないひとには、さらに支出を減らせる救済制度がきちんと整備されているわけです。

花田　へえ、それはありがたいですね。

和田　日本人は自分で支払ってきた税金に対する意識があまりに希薄だと思いますよ。だから厚かましい、と思ってしまう。70代になるまでずっと納め続けてきたんだから、使わなければ損です。

和田　「税金への意識が希薄」な日本人の特徴として、増税というとものすごく抵抗を抱くでしょう。いつか還元されると思っていないから。

花田　そうですね。リターンがあるという考え方がなくて、お上に取られるだけと思ってしまう。

和田　たぶん北欧のひとは福祉などに還元されると固く信じているから、消費税25％でもやっていけるんです。
自助は必要で、人間の独立心や尊厳に関わってくる大事な問題なのですが、その一方で権利もあるということはもう一度考え直したほうがいいと思います。

花田　70歳を過ぎたら、税金を払ってきた分を〝ちゃんと〟使わないといけない。

払ってきた税金を、今から返してもらうだけのこと

和田　私が高齢者のみなさんに申し上げたいのは、「**人生はトータルで貸し借りゼロだ**」ということです。

花田　貸し借りゼロというと？

和田　つまりこうです。子どものころはごはんを食べさせてもらい、教育を受けさせてもらった。だけど、その代わり大人になってからは、子ども時代よりもずっと長い間、子どもたちや社会のために税金を払ってきた。そして70歳を超えて、また自分が保護を必要としたときには、それを返してもらえばいい。そうすれば最後は貸し借りゼロになる、というわけです。

花田　それなら福祉の世話になってもいいかも、という気持ちになれますね。

和田　高齢者が医療費を使い過ぎるという問題があります。私も薬は使い過ぎだと思っていますが、それは本人ではなくて医者が悪いわけです。少なくとも健康保険料は毎月2～7万円くらい加入者は払っている。毎月こんなに医療費を使うひとは少ないでしょう。だから若いころに払った健康保険料は、年をとったときに返してもらう金だと思うべきです。自分がこれまでいくら払ってきたか、つまり貸しているか。一回計算してみたらいいと思いますよ。

花田 恥ずかしいとか、申し訳ないとかではなく、自分に本当に必要かどうかを考えればいいですね。

和田 自分の判断で引退して年金で悠々自適というのと、身体が動かなくなったから年金暮らしをするっていうのとは違いますよね。結局、自由がないじゃないですか。今回の新型コロナ流行で、特に高齢者はいっせいに家に閉じこもってしまいました。それを見てまず思ったのは、死にたくないから外に出ない、旅行どころか買い物も食事もしない。それって自らを刑務所に閉じ込めているのとどこが違うのか。自由がまったくない。お金があって生活に困っていなくても、人間らしいといえるのかと。

花田　そのとおり、ぼくもそう思います！（笑）

和田　自分の自由な判断で、働いたり、お金を使ったり。人生を楽しむことが、自分のためにも社会のためにもなるんですよ。

花田　高齢者諸君、街へ出て金を使おう！

MATOME

「お金」についての結論

- 脳が老いないコツは「新しいことへの挑戦」。だから、ワクワクすることにお金を投資しよう。
- 持っているお金は使い切ったほうがいい。家族のためにならないから、遺産は決して残さない。
- 現役の労働者から「現役の消費者」に華麗なる転身を遂げよう。
- お金をたくさん使う高齢者は、家族のためにも、日本のためにもなっている。
- 日本は最高の福祉国家。結局は「お金が足りない」とまでいかないから安心していい。

第4章

70歳からの脳

「脳が老いない」方法があるってホントですか？

脳と「若さ」はいつも仲良し

老後のすべてを決めるのは「意欲」の有り無し

花田　70歳を過ぎてもずっと幸せでいたいし、夢も持ち続けたい。自分のためにお金を使う大切さもわかりました（笑）。でもなんのかのいっても、健康でないとそれはできませんよね？　いつまでも元気でいるために、できることはあるのでしょうか。

和田　養老孟司さんとお話をしていて、「若さと元気を決めるのは脳ではないか」と改めて思いました。養老さんは85歳なのにとても若々しい。年をとってから、頭のいいひとは老けないですよ。若いうちはあまり差が出ないようですが。

花田　ぼくよりさらに先輩ですから心強いです。しかし「老化」という言葉もあるでしょう。頭だって、若いころと同じというわけにはいかないのでは？

和田　残念ながら花田さんも養老さんも、ほかの誰でも、老化から逃れることはできません。必ず、何らかの機能は衰えてくる。

花田　突然ひとの名前が出てこなくなると、実際焦りますね……。

和田　焦ると思いますが、安心してください。記憶力は、落ちてもあまり害はありません。だって、別に大きく困ることはないでしょう？　それよりも、**怖いのは「意欲の低下」です。**

花田　意欲ですね。これまでも何度もお話に出てきました。脳のうちの「前頭葉」が特に大事だと。

和田 意欲というのは、ボーッとして油断していると勝手に落ちていきます。意欲がなくなると、歩くことも、頭を使うこともしなくなるんですから大問題です。意欲を司るのは前頭葉。だから、もし私が老いない秘訣をひとつだけに絞れといわれたら、「前頭葉を鍛えてください」というでしょう。前頭葉を鍛えておけば、いつまでも若くいられます。

花田 前頭葉を鍛えるためには、常に新しいことに挑戦し続ければいいというお話でしたね。

和田 そうです！　失敗することも楽しんで、日々新しいことにトライすることです。

花田 そんなに毎日挑戦することってあるかなあ（笑）。

和田　**本当に小さなことでいいんですよ。**初めてのおそば屋さんに行ってみるとか、帰り道は知らないルートを通ってみるとか。

花田　それならできそうですね。

「考えるひと」は90歳過ぎても身体が動く！

和田　ドクター・中松さんだって94歳でまだまだお元気ではないですか。お話も非常に面白いですし。選挙にだって、86歳まで毎年のように国政選挙や都知事選挙に立候補していた。何かを発明するには新しいアイデアを探し続けなければならないし、新しい工夫も考える。**脳は80代でも、使い続けていたらずっと使える**ということです。70代ならなおさらです。

花田　葛飾北斎もそうですが、画家は長寿で、亡くなる直前まで描いているひとが多いですよね。ピカソも、シャガールも。新しい対象を探して、常に表現を工夫しているからでしょうか。

和田　おそらくそうでしょう。**美しいものを見たり、考えたりすることも、メンタルに良い影響がありそうですね。**

事実を知ればアルツハイマーだって怖くはない

花田　脳の機能が衰えるというのは、やっぱり萎縮しているのでしょうか。「脳が縮む」って聞くとなんだかすごく怖い。

和田　高齢者が亡くなられたあとの病理解剖の所見を千例くらい見てきてわかったことは、85歳を過ぎればほぼ全員、脳に何らかの異常があるということ。萎縮もあるし、アルツハイマー型の所見も見られます。当然、それは85歳になって突然起こるわけではなく、その前から始まっていることです。

花田　それはもう仕方ないことなんですね。

和田　ええ、ですけれども生前に何か症状が現れていたかというと、必ずしもそうではない。アルツハイマーであっても、まったく問題なく日常生活を送れるひともいるし、月刊『Hanada』のような雑誌を読んで理解したり、自分の意見をいうこともできる。年をとれば、脳は前頭葉に限らず縮んでいきますが、**使っていれば機能水準は保たれる**んです。

花田　残っている部分を使っているのでしょうか。

和田　そもそも人間は、脳の10分の1しか使っていないという説がありますよ。

花田 どんどん縮んでも、10分の1残っていれば大丈夫だと（笑）。

和田 それは極端ですが（笑）。ただ高齢者の生き方として大事なポイントは、「残っている部分でどれだけ勝負するか」だと思っています。
コップに水が半分あるときに「もう半分しかない」と思うか「まだ半分残っている」と思うか。ポジティブに、良い面を見られるひとが年をとってからも元気ですよ。

花田 身体が衰えるのは当然の理なのだから、**「衰えていない部分」を喜べるかどうか**、ということですね。

和田 パラリンピックが感動的なのは「弱いひとががんばっている」からではありません。ハンディキャップはあるけれども、持っている能力を最大限に活かす工夫をしてさらに高い挑戦を続けるからです。

花田　ホーキング博士*も、若くして病魔に襲われても屈することなく、周囲のひとや機械の助けを借りながら78歳で亡くなるまで偉大な研究をされましたね。

和田　立派な博士でしたね。人間というのは、脳だけ、または身体だけが独立するのではなく、全体的な生き物なんだと思います。しかも年をとればとるほど、脳と体の結びつきが強くなる。要するに、脳の衰えによって意欲がなくなれば、すぐさま健康を害する可能性がある。

花田　高齢になると、免疫力が落ちてガンになったり、食事ができなくなって脱水症状を起こしたりということが多くなりますからね。

*スティーブン・ホーキング博士……（1942－2018年）……理論物理学者。ケンブリッジ大学にて約30年間教授を務め、論文は数々の受賞歴を誇る。著書『ホーキング、宇宙を語る』は世界1000万部のベストセラーに。大学院生時代からALS（筋萎縮性側索硬化症）と闘い始め、「車いすの天才科学者」と呼ばれた。

和田　脳が身体的な若さを決める、ということがわかっていただけたでしょうか。

脳トレは、本当に効果があるのか？

花田　脳を鍛えるなら脳のトレーニングがいいといいますが、いわゆる「脳トレ」のパズルなどはどうでしょうか。本やネットでもたくさん出ています。数独がいいというひともいますね。

和田　ああいうものも面白いですよね。何でも楽しくやることはいいと思います。
ただ脳トレは筋力トレーニングと同じだということは覚えておいてください。認知症でない限り、やればやるほど高い点数が取れるようになります。けれども最近の調査では、あるテスト問題を解く訓練をすることで点数が上がっても、違う種類のテストでは結果が変わらないということがわかりました。何かがうまくできるようになっても**「頭が良くなった」とはいえない**、ということです。

筋トレで足を鍛えても、腕は鍛えられませんよね。それと同じです。

花田 スポーツはどうでしょう？　水泳なんか、全身を使うことが多いし。

和田 身体を動かすことは確かに脳を刺激しますが、「脳を刺激する」ことが目的になってしまうと単調な刺激しか送れなくなる。違うやり方を試したり、誰かと対戦したりして、思いがけない新しい刺激で脳を全体的に使わなければ。

花田 読書ならいいでしょう！　ぼくは電車でも本を手放しません。

和田 本を読んで「なるほど」と納得しているだけだと、側頭葉しか使っていないことになります。難しい計算問題や脳トレパズルだと、頭頂葉だけ。やっぱり脳を複合的に使うには、仕事をするのが手っ取り早いですね。ルーティンワークもある一方、相手がいますから予測のつかない反応があったりもします。

花田 じゃあ編集の仕事は脳トレにピッタリですね、と自画自賛（笑）。でもただ仕事をしているといっても、いろんなひとがいます。できるだけ失敗をしないように上司にいわれたことだけをやって、波風を立てないように、立てないようにしているひととか。

和田 日本人は協調性を何よりも大事にしますから、それもむべなるかなです。前頭葉を使う機会のあまりないまま、年をとるひともいるでしょう。だからこそ、ちょっと使うだけで「あっ、変わったな」と感じられるはずです。

花田 何度も質問しますが、前頭葉って、使おうとすれば使えるものなんですか。

和田 ほんの少し、工夫をするだけでいいんです。前例踏襲でないことをやってみる。**常識だと思っていることを疑ってみる。**誰かのいったことにもし違和感を感じたら、それについて考えてみる。それだけで、きっと頭が冴えて「気の利いた高齢者」になれますよ。

どうして脳は「現状維持」で満足してしまうのか

和田　脳というのは、世の中が変わるときにいちばん働くものです。でも日本人は、世の中は変わらないものだと思い込んでいる節がありますね。

花田　ありがたいことに日本では80年近く、戦争が起きていませんでしたからね。もちろん大災害や大事件は起こっていますが、今のウクライナでの戦争のように、自分が暮らしている国の根底が揺さぶられるような経験をほとんどのひとがしていない。ぼくだって前の終戦時は3歳でしたから、ほぼ実感はありません。

和田　アメリカンドリームとまではいかなくても、努力すればそこそこの収入があって、家の一軒くらいはがんばって建てられるという時代を過ごしたのが、今の70歳以上ですよね。日本が平和なのはすばらしいことですが、それなら自分で、「変わること」への投資を積極的にしましょう。

花田 思い切ってお金を使うことも含まれますね。それでも人間は「変わること」を恐れるものじゃないですか。環境が変化することは、脳にとってストレスだと聞いたことがあります。

和田 「**現状維持バイアス**」ですね。変化したほうがメリットがあることがわかっていても、変化によってデメリットがあるかもしれないということばかり考えてそれができない、という心理のことです。大きな買い物をするとか、何かを新しく始めるときなどにそういう気持ちになるかもしれません。
前頭葉の機能が落ち始めるのはだいたい40代からなので、そのころから現状維持バイアスが強くなる傾向があります。

花田　年をとると頭が固くなる、頑固になるというのはそういうことなのですね。

和田　そういう意味では、40代くらいから焦ったほうがいいんですよ。定年後に起業するひとと向けのコンサルタントをやっている知人から聞いたのですが、起業に成功するひとの多くは40代から意識して準備しているんだそうです。変化を予測して柔軟に、資金なり人脈なりを用意する。

花田　ぼくは間に合わないのか……。

和田　いえいえ、だからといって、60代、70代で諦めてはいけません。手始めに身近なことからやってみればいいじゃないですか。行ったことのないレストランに行ってみるとか、一駅分歩いて四季の草花を観察するとか。それだけで5年後か10年後、急激に老け込むことを防げるでしょう。

花田　電車に乗っているほうが明らかに楽だと思ってしまうひとが多いんでしょうね。そんなにストレスをかけてでも、やったほうがいいんですか。

和田　病気になるほどのストレスならやめたほうがいいですが（笑）、「面倒くさい」というのはストレスというより、**脳への「負荷」です。**昔やっていた筋トレも、久しぶりにやると筋肉痛になるでしょう。それと同じで、使ってなくてサビついた脳の回路に負荷がかかり、ギギギギッと鳴っているだけ。それくらいの負荷はがんばって乗り越える価値があります。

「運動嫌いのワダ」がウォーキングを習慣化できたコツとは

和田　かくいう私自身もそういう体験があるんですよ。じつは数年前、比較的重度の糖尿病であることが発覚しました。ふつうなら毎日インスリンを注射することになるんでしょうけど、私の場合はそれよりも運動をするほうが効果がある、という確信があった。

花田 和田さんは何かスポーツをやっていたんですか。

和田 いえ、**運動は嫌いで一切やったことはありません（笑）**。移動もすべて、車かタクシーだったし。
でもこうなったら、せめて歩くことだけでも始めようと覚悟を決めました。もう本当にその「負荷」の面倒くさかったこと（笑）。それでも少しずつがんばって、半年くらい続けたらようやく楽になりました。

花田 それは良かった。ウォーキングを習慣にできたんですね。病気は悪化していませんか？

和田　はい。今でも医者から見ると重症のレベルですが、以前よりはずっといい。それに、今では歩かない日は気持ち悪く感じるくらいです。変化を受け入れれば、ちゃんとメリットがありますよ。

非科学的でも「好きな健康法」がいちばん効く

和田　とにかくどんな小さなことでも、何でもまずはやってみることです。何でも実験ですから。
やってみたら合わなかった場合、たとえば腰が痛くなったとか、体調を崩したとか、そうなったらやめて次のことをやればいいんです。

花田　ぼくは健康にいいということは結構やっていますよ！　毎朝15種くらいの体操をやってますし、朝食ではまず白湯を一杯飲む。そしてキャベツとブロッコリーを食べること。キャベツは生です。あと、ゆで卵とプレーンヨーグルトと季節の果実。アロエもいいというから皮ごと食べてます。胃の調子が良くなりますよ（笑）。

和田　**身体にいいと思ったことを何でもやってみるひとのほうが、だいたい元気です。**たとえそれが非科学的だと思われても。

大阪の祖母は、私が遊びに行くと必ずリポビタンDを飲ませてくれたんですよ。「これを飲むと元気になるでえ、頭良うなるでえ」といって。祖母も毎日飲んでいました。

花田　おばあちゃんが毎日リポビタンDを飲んでるって、すごいな。CMに使えますよ。

和田　「ファイト、一発！」と叫ぶんですね（笑）。まあ当時としては多めのビタミンが入っていましたし、無水カフェインもありますからシャキッと効いた気にはなりますよね。実際元気でしたし、97歳まで生きました。信じるものは救われます（笑）。

だから知識というよりも、考え方なんでしょうね。私は劣等生でしたから、大学受験のときも、医師の国家試験のときも、これは受からないかもしれないと思ってかなり焦りましたが……。

花田 それは意外です。灘高校出身の絵に描いたような秀才と思っていました。で、どうしたんですか。

和田 自分で工夫したり友人にヒントをもらったりして、なんとか自分なりの勉強方法を見つけました。そのときつくづく思ったんですよ。自分が楽だと感じる方法がいちばんいいのだと。

合わない方法でやっていると、どれほど死にものぐるいで勉強しても結果が出ません。そういうときは「自分は頭が悪いんだ」と思うのではなく、**やり方が間違っていると気づくべきです。**知識を増やすよりも解答ミスを減らそうとか、暗記方法が退屈なら自分の好きなマンガになぞらえるとか、数学の問題が解けなければ答えを覚えるとか、角度を変えて考えてみるんです。

花田 そういう考え方は、大人になって社会に出てからもずいぶん役に立ちそうですね。

和田 そのとおりなんですよ。そして高齢者のみなさんにもこうしてアドバイスできていると思っています。「いつまでも元気でいたい、若々しくいたい」というしっかりした目標があるなら、そこへ向かう自分だけのやり方を見つけましょう。

自分と異なる考えは脳にいい

学生時代に戻って、まずはすべてを疑ってみよう

花田　さっき「常識を疑ってみよう」というお話がありましたが、そんなことをしたら周囲に変なやつだと思われてしまうんじゃないかと、心配するひともいます。

和田　どうしてそうやって、脳への刺激をシャットアウトしようとするんでしょう（笑）。会社に勤めているなら、何かといいづらいことはあるかもしれません。でも70代になればそろそろ、立場や肩書きなどから自由になっているはずですよ。

花田　そうでした。マインドセットを変えなきゃいけないんですね。

和田　私たち60代はノンポリなどと呼ばれていましたが、70代のひとたちの若いころは「政治の時代」。「安保闘争」でしたね。みなさん難しい本を読んで、仲間と口角泡を飛ばして議論をしていた世代ですよ。

議論をしたからといって嫌われるわけがありません。嫌われるのは、目下に向かって説教をするから、目上に媚びるから、出すべきお金をケチケチして出さないから。もう目上も目下もないし、お金を使わない理由もありません。

花田　仲間と議論をしていたころのことなんて、すっかり忘れているかも。

和田　私が学生のころ出版社でアルバイトをしていて、評論家の小室直樹さんというひとに会いました。これがもうむちゃくちゃなひとで、私はものすごい衝撃を受けましたよ。学生たちの前で「君たちが常識だと思っていること、正しいと思っていることは本当に正しいのか。こういう考え方もあるんじゃないのか」と議論をふっかけるんです。生活も常識外れで酒を飲んで道端で眠り込んだりするから、原稿を頼んでいる編集者が探しに行ったり。こういう生き方もあるんだ、これでもいいんだと、目が覚めたような気がしたことをよく覚えています。

花田 今はもうそんなひとも少ないですよね。たとえば『月刊Hanada』で憲法改正を議論しようと「闘論」を企画しても、右派とされているうちの雑誌に、左派のひとは絶対に出てこない。自分と違う意見のひとと議論しようとするひとは、最近はほとんどいないですね。

和田 大学でも日本と欧米の違うところは、入試のときにどんな学生をとるかです。日本だと教授が面接を行うけど、欧米は大学の事務局の面接のプロが行う。なぜなら教授が気に入りそうな回答をする学生ではなくて、教授に議論をふっかけそうな学生を選びたいからです。そうでなければ学問は発展しないじゃないですか。

日本では教授の教えることを丸ごと飲み込んで、そのまま答案用紙に書く学生がいい学生とされる。世界の大学ランキングで、日本の大学の評価がそれほど高くない、むしろだんだん低くなっているのも当然ですよ。

花田 やっぱり議論をすることが、脳の機能、特に「前頭葉」を活発にするんですね。

和田 そうです。知識と情報のソースは、多ければ多いほうがいい。右派のひとも左派のひとも、自分とは違う意見をあえてどんどん読んだり聞いたりする。するとムカッとする(笑)。**ムカッとしてその反論を考えるときに、いちばん前頭葉を使うんですよ。**

花田 昔、野坂昭如《のさかあきゆき》*さんが『右も左も蹴っ飛ばせ!』という本を書いていましたね。

*野坂昭如(1930-2015年)……作家。鎌倉出身のコラムニストとして活躍。1967年、戦争体験を描いた著書『火垂るの墓』で直木賞受賞。その後も作詞家、歌手、タレントと幅広く活躍。

和田　反論を考えたら、それを口に出してみましょう。そうすればそれに対する反論もあるでしょうから、また脳の刺激になる。ここでも、他人の感情を理解するという「EQ」が大事になってきますね（64ページ）。

花田　同じ意見の本や新聞ばかり読んでいてはダメなんだな。ネットはなおさら。

和田　自分と同じ意見だけ聞いて「そうだったのか！」とばかりいっていても、前頭葉への刺激にはなりません。

「テレビを鵜呑みにしない」のが70歳以上の流儀

花田　そんなテレビ番組もありましたね（笑）。まあテレビの情報番組も、時事問題の解説番組でも、情報量が多くて楽しいという面はあります。

和田 そういうテレビ番組を見て、子どもが「そうだったのか！」という。大卒のひとも「そうだったのか！」という。大学院卒のひとも「そうだったのか！」という（笑）。

花田 テレビでいうことを丸飲みしているひとは多いですよね。とくに高齢者に多い。

和田 もう前頭葉が働かなくなっているんですね。子どもならともかく、大学教育まで受けたひとなら「本当にそうなのか？」と、**まずは疑ってみなければ。**

花田 どうしてテレビで聞いたことをそのまま信じてしまうんでしょう。ヘタをすると一日中テレビをつけていて、情報源がテレビだけというひとも結構いるようです。すごくおかしな気がするんですけどね。

和田 昭和ヒトケタ生まれのひとはまだテレビと距離を置いているような気がします。新聞や映画のほうがちゃんとしたメディアで、新しく登場したテレビは格下だといった感覚なのでしょうか。
でも今の70代は、わりと早い段階からからテレビが身近にありました。何でも教えてくれる万能の先生のように感じているのかもしれませんね。

「コロナ自粛」の洗脳から早く解放されるべし

花田 新型コロナ流行の初期も、テレビが「自粛だ」といえばみんな自粛し、「マスクだ」といえばみんなマスクをした。それが全部悪いことだとはいいませんが、少しでも違うことをするのは許さないという雰囲気は、ちょっと怖かったですよ。電車でもマスクをしていないのはぼくぐらい。

和田 みんな黙って座っているか立っているかしているだけなのに、マスクは必要ないでしょう。

花田　新型コロナ騒動のこの3年間、ぼくはほとんどマスクをしていなかったけど、感染はしませんでした。電車でもしていないのはぼくだけ。「ハナダさんメンタル強いですね」って部下にいわれた（笑）。
ただその間、2回だけマスクをしていないことを注意された。1回は電車で座っていたら、一席空けて座っていた女性が「マスク差し上げましょうか」と。もう1回は青山の高層マンションのエレベーターで乗り合わせた外国人が、ぼくを指差して「マスク！　マスク！」と、失礼な（笑）。いっしょにいたジャーナリストの福島香織さんが急いで1枚くれたので一応着けましたが、口惜しかったですね（笑）。

和田　海外では、もうマスクはしてないのですけどね。

花田　最近知人が家族5人でアメリカに旅行に行ったそうですが、全員がマスクをして行動していたので、ホテルのレストランに入ろうとしたときに「ワン・マスク、ツー・マスク、スリー・マスク……」という数え方をされてちょっと恥ずかしかったといっていました（笑）。

和田　サッカーワールドカップ・カタール大会の試合中継でも、観客席の誰もマスクをしていなかったことが話題になりましたね。**ただ怖がって縮こまっているよりも、伸び伸びと生活を楽しんだほうが間違いなく免疫力は上がるんです。**

花田　そういってもらえると、堂々と外を楽しめるなあ。

和田　自粛やマスクも必要ですが、それと同時に感染者数と死亡率といった数字を冷静に見ることや、海外での事例を参考にして客観的に行動を考えることもとても大事です。

花田　テレビを見たひとはみんな、それと同じことしか言わなくなる。すごい影響力ですよね。これは「洗脳装置」なのでは（笑）。とくに田舎でひどい。部下が田舎に帰ると家中に、台所にまでテレビがあって、みんなテレビのいうことを信じている。

70代はもう、テレビを見なくてもいいんじゃないでしょうか。テレビを捨てて街へ出よう！　むろんマスクなしで。

和田　そうです。**テレビは見なくてもいいですよ。**テレビで聞いたこと以外に選択肢がないのなら、それは共産主義の国と同じです。正義がひとつしかない、ということですから。

脳が老いないためには、「本当にそうなのか？」といわなくてはいけません。脳が若々しければ、身体も元気でいられるのです。

花田　よーし、少なくともあと5年は編集長を務めて、山本夏彦さんの日本最年長記録（84歳）を塗り替えるぞ（笑）。そのためには前頭葉を鍛えなきゃ！

MATOME

「脳」についての結論

- 「脳の若さ」と「身体の若さ」は完全にシンクロしている。
- 「意欲」の有り無しが老後のすべてを決める。そこで大切なのが「前頭葉」。
- 前頭葉を使っているひとは、90歳を過ぎてもフットワークが軽い。
- 効かない脳トレなんかしているよりも、非科学的であっても「好きな健康法」がいちばん効く。
- テレビを鵜呑みにしないで、まずはすべてを疑ってみるべき。

第5章

70歳からの健康

もちろん健康でいたいのですが、正直、不安もあります……

老いないための三大要素

いつまで若いひとは「栄養」と「ホルモン」がたっぷり

花田 ぼくは身体も頭も（笑）悪いところはどこもないんですけど、昨年1月とうとう左ヒザが痛くなりまして。ついに、と覚悟しましたけど、カミさんにいわれてサプリを飲んでみたら痛みは一応治まったんですが……。

和田 良かったですね。

花田 いえ、治ったと思ったのはやっぱり気のせいだったので、会社近くの整形外科に行きました。医者に「痛み止めの注射をしましょうか」といわれたのですが断って、理学療法士さんが教えてくれた体操を、家でも朝晩やっていたら、完治してしまった。今でもその体操を続けています。なにしろしつこいんで（笑）。

和田　それでいいと思いますよ。何十年も使っているのですから、年をとればどこかが弱ったり、悪くなったりするのは当たり前です。そういうときは、花田さんがやったように**足し算**をすればいいんですよ。

花田　ぼくがやったような足し算？　どういうことですか。

和田　痛み止めの注射や薬というのは、その場しのぎの引き算。痛みがなくなるのはいいのですが、根本的な原因が取り除かれるわけではないですよね。けれどもたとえば、「ヒザの軟骨を修復する」とうたうサプリメントを飲むのは足し算。体操をするというのも、つまりは足し算です。

花田　確かに、この体操はヒザの周りや脚の筋肉をつけるためと説明されました。足し算といわれると、納得です。

和田　ちょうどいいので、本章では脳以外の「身体の健康」についてお話ししていきましょうか。キーワードは【栄養】と【男性ホルモン】です。前章の【前頭葉】と合わせて、私はこれらが**「老いない人の三大要素」**だと思っています。

花田　おお！　それはぜひ、たくさんお聞きしたい。

和田　健康オタクの花田さんから教わることも多い気がしますね。

花田　和田先生に教えるなんて名誉だなあ。じつは30年以上前、『週刊文春』の編集長になったばかりのときにひどい腰痛になって入院しました。椎間板ヘルニアだったんですけどね。そのときに教えてもらった「腰痛予防の体操」を、今も毎朝やっているんですよ。以来、一度も再発してません。

和田　30年以上も！　それはすごい。読者のみなさんにも励みになりますね。継続すれば、80歳になってもピンピンしていられるという、何よりの証明ですから。

サプリメントも「自分に合う」なら効果あり

花田　先ほどの、「健康には足し算がいい」という話に戻りましょう。ヒザの体操は筋肉をつけるから、確かに足し算ですよね。でもサプリは？　あれは気休めだから意味がないというひとも多いんですが、効くものなんですか。

和田　サプリは悪くありません。自分の身体に合うと思えるものなら、いいんです。サプリメントとは補給とか補助といった意味です。関節痛を改善する、目にいいなどいろいろありますが、自分に足りないところがあると感じたら、サプリで補うことをやってみればいい。多いことよりも「足りないこと」のほうが、害が大きいのです。

花田 栄養、筋力、視力、聴力。年をとると、いろいろ足りなくなりますからね。

和田 コンドロイチンを飲んだってヒザの軟骨は増えない、というひともいますが、増えるひともいます。だからやってみればいい。

花田 本当にたくさんのサプリがありますからね。探してみれば何でも対応してくれそう。

和田 アメリカ人はサプリメントが大好きというイメージがありますが、実際に中流層以上の平均寿命は、日本人全体の平均寿命より長いというデータもあるそうです。「肉ばかり食べていて魚は嫌いだから、その分DHAはサプリで摂ろう」とか、そういう発想でバランスをとるひとが多いんでしょうね。

「コンビニ弁当」だって、じつはすばらしい食事のひとつ

花田 自慢じゃないですが、ぼくは何でも食べます。子どものころはニンジンやネギの白い部分が苦手でしたが、先年ついに克服しました。だから好き嫌いはありません。食べるものはバランスがとれていると思うんだけどなあ。

和田 それとヒザ痛とは別の話ですが（笑）。でもそうです、**人間は本来、雑食する生き物です**。草食だけでも肉食だけでもない。海藻だって消化してしまうし、微生物を使って栄養価値を高めることまでする。そうやってこれまで生き延びてきたのですから、何でも雑食するのが本当でしょう。**コンビニ弁当だって悪くないですよ。**

花田 えっ、コンビニ弁当ですか？　塩分は濃いし、添加物も多いしというイメージで、高齢者の健康にあまり良くないような気します。

和田　各社の開発競争も盛んですから、そこまで心配することはないでしょう。それよりもたとえば、コンビニの幕の内弁当にどれだけの種類のおかずが詰められているか考えてみてください。1日に30種類の食材を食べたほうがいいといわれますが、いくらお料理好きのひとでも、家庭でそこまで用意するのはなかなか難しいですよ。

花田　なるほど、そうやってできるだけ品目を増やしたほうがいいということですね。コンビニ弁当が好きなひとも多いから、それは励まされる話だなあ。

和田　料理が苦手なひとが家で毎日トマトとサバ缶ばかり食べているより、よほどいいのではないですか。私の大好きなラーメンだって、専門店では20種類くらいの材料を使ってスープをとっています。もったいないから私はスープまで飲み干してしまいます（笑）。

花田　ラーメンのスープも、悪者扱いされやすいですもんね。

和田　はい、肩身が狭い思いをしてきました（笑）。もっとも、このコンビニ弁当の話は、100歳以上の長寿者を研究している柴田博さんがいっていることです。だから**人間が長寿になったのは**、医学が進歩したからというよりも、**栄養をしっかりとれるようになったからだ**と私は思っているんです。

花田　医療だとふつうは悪いところを治すわけですが、それよりも「足し算」で栄養をとって、土台を強化するほうが大事だと。

タンパク質のおかげで脳の血管は丈夫になった

和田　日本では昭和55年まで死因のトップは脳卒中でした。そのなかでも昭和30〜40年代は、多くが脳内出血だったんです。ところが現在では脳内出血というのはまずない。脳梗塞、つまり血管が詰まってしまうというのはありますよ。でも血管が破れることはほとんどなくなったんです。

花田 くも膜下出血というのをときどき聞きますが。

和田 これは動脈瘤ですから、風船みたいになってしまって破れる。でもふつうの血管はほとんど破れません。

ところが昔は血圧が140~150くらいで破れてしまっていたんです。だから「高血圧をほうっておくと脳卒中になってしまう」と思ってみんな怖がるんですが、今は私のように血圧が220まで高くなっても破れないんですよ。

花田 どうしてですか？

和田 理由は簡単で、栄養です。昔のひとは今ほど肉を食べていなかった。つまり血管の壁が、ゴムの入ってないタイヤみたいな状態だったわけです。**今はちゃんとゴムが入ってるから血管が破れない。**

花田　脳出血、恐るるに足らずと。

和田　だから脳卒中が減ったのは、薬の進化や減塩運動のおかげということももちろんありますけど、いちばんは**栄養のおかげ**なんです。

花田　タンパク質ということでしょうか。近ごろまた注目されていますね。

和田　そう、タンパク質です。日本では仏教思想の影響で、江戸時代まで基本的に肉食をしませんでしたね。タンパク質といえば大豆製品か魚くらい。それが明治になって西洋文化がどっと入ってくると、肉も食べるようになった。

花田 東京や横浜の牛鍋屋が大流行したという話がありますね。それまでご先祖さまも誰も食べたことのなかった牛肉を食べるというのは、最初は勇気がいったでしょうねえ。日本人の好奇心の旺盛さには驚きます。

和田 牛乳だって、初めて見たひとにとっては臭くてたまらなかったそうですよ。今では美味しく飲んでいますが。

免疫力を高めれば、死亡原因1位の病もへっちゃらに

和田 そしてさらに戦後、子どもたちの栄養状態改善のために米軍が脱脂粉乳を配ります。

花田 ぼくも小学校の給食で飲みました。みんな嫌がっていたけど、ぼくはそれほど不味《まず》いとは思わなかったんですよね。

和田　おや、ここにも花田さんの元気の秘訣がありそうですね（笑）。

花田　米軍のおかげ。ぼくの身体は米軍製だ、と（笑）。

和田　ともかくこうしてタンパク質の摂取量が増えると、免疫力が上がります。なので戦後まもなくまでは、「結核」が日本人の死因の1位だったのですが、この順位が下がった。
次に1位になった「脳卒中」の死亡率も、タンパク質のおかげで下がった。
今は「ガン」が1位ですが、やはり免疫力を上げることが対策として有効ですから、タンパク質はこれからも注目されるでしょうね。

花田　医学においても、足し算の考え方が重要になってきているんですね。

和田　違うんです。栄養のおかげでこんなに健康寿命が延びているのに、日本の医学部では栄養学を教えないんですよ。今でも。

花田 えっ、それは意外。

和田 血圧やコレステロールの基準値など「正常」とされる状態を決めて、それに戻す引き算の考え方ばかりを重要視しているのが、今の日本の医学部です。

ポークカレーに込められた先達の英知とは

和田 栄養学軽視の歴史は日露戦争までさかのぼりますよ。花田さんは「脚気論争」をご存じですか。

花田 日露戦争中、脚気が大流行して日本兵がバタバタ死んでいったという話でしょうか？

和田 はい、それです。

花田 たしか日本兵が死んでいく原因について、陸軍は細菌による感染症だといい、海軍は栄養不足だと主張してどちらも譲らなかったという件ですね。

和田 そのとおり。陸軍でそう主張していたのが文豪であり医師でもある森鷗外《もりおうがい》*で、海軍のほうが高木兼寛《たかきかねひろ》という軍医です。この高木というひとが偉かった。脚気というのはビタミンB_1が不足して起こる病気ですから、結論としては海軍が正しかった。陸軍は食事を変えず、それで数万人が死にましたが、**海軍では食事を変えてひとケタまで減ったんです。**

花田 麦飯にしたんですよね。

*森鷗外（1862―1922年）……島根県出身。本名は林太郎。明治・大正時代を代表する文学者で、『舞姫』『雁』『青年』『山椒大夫』『高瀬舟』といった名作を数々発表。

和田　それもありますが、肉食を勧めたんです。高木は兵士の食事を徹底的に調べて比較し、その内容によって脚気にかかりやすいひとと、そうでないひととの差が出ることに気がついた。そしてそれはタンパク質の量の差ではないかと考えたのです。それでまだ日本では馴染みが薄かった肉食をさせるために、イギリス海軍が採用していたカレーに目をつけた。それと同時に白米を、よりタンパク質の多い麦飯に変えたんです。ずっと後になって原因はタンパク質ではなく、ビタミンB_1だとわかりますが、偶然とはいえ結果は大成功でした。おもしろいことに、豚肉のカレーが食べられるのは、日本だけらしいです。インドでは豚を食べないし、イスラム教徒も食べない。

花田　確かに。そういえば最近イギリスで日本式のカツカレーが大ブームだといいますよ。のっているのはトンカツではなくて、チキンカツなんだそうですね。豚が食べられないひとが多いから。ちなみに海軍カレーは、靖国神社にある遊就館のカフェで食べられます。海上自衛隊の海自カレーなら、呉市や江田島市、横須賀市などゆかりの自治体が力を入れていて、レトルトパックもあります。なかなか凝っていますよ。

和田　日本ではカレーうどんでも豚肉です。考えてみれば今の日本には、禁断の食べものはないといってもいいですね。雑食にはうってつけです。

脚気については海軍が正しかったわけですが、がんとして非を認めなかった陸軍医学の影響なのかなんなのか、**今でも医学部で栄養学は軽視されているんです。**

花田　自分の間違いを認めず、その代わりに相手のささいなミスを徹底的に探し出して叩くというのは、今も昔も変わらない日本人の欠点ですね。

和田　サムライの潔さはどこへいったんでしょうか。失敗を恐れすぎです。

あのとき高木兼寛をもっと正当に評価していれば、せっかく勝った日露戦争であれほどの病死者を出さずに済んだでしょうし、日本人の体格もずっと早く向上していたかもしれない。もっといえば太平洋戦争でのロジスティックスもちゃんと考えられて、日本軍兵士がジャングルで飢えるなんてこともなかったかもしれない。

花田 一度決めたら「変えられない」は、もはや国民病なのかも。

和田 まさしく。このままではダメだとわかっていても、方向転換ができない。

お酒が飲めない体質は、じつはとてもラッキー

花田 健康のための栄養のバランス、和田さんはどうしているんですか。

和田 私はワインが好きなので、赤と白のワインをだいたい毎日交互に飲むようにしています。赤ワインなら肉、白ワインは魚というように合う食べものが違いますから、かたよらずに食事ができるかなと。

花田 まずワインがあって食事が決まると。ぼくはカミさんの影響で日本酒党です。といっても1合くらい。酒は百薬の長といいますから、健康にもいいでしょうね。

和田 血行を良くして、ストレスを軽減してくれるという意味ではそのとおりです。でも日本人の半分くらいは酒が飲めませんから……。

花田 えっ、それもまた意外です。日本人は昔からガンガン日本酒を飲んでいたと思っていました。ぼくが大学を出て入社した文藝春秋では、酒豪が多かったですよ。昭和40年代だったし、社内三大酒豪と呼ばれたひとたちがよく裸踊りなんかやって、うぶな青年にはショックでした。

和田 もちろん強いひともいます。でも肝臓内のアルコールを分解する酵素を調べると、日本人の約半分は持っていない。または持っていてもそれほど強くない。日本人は世界的にみれば、**圧倒的にお酒に弱い民族**なんですよ。

花田 それにしては、世間では酒飲みのほうが幅を利かせている気がしますが。

和田 単に声が大きいからではないでしょうか（笑）。でもお酒が飲めないというのはラッキーなことなんですよ。下戸のひとたちは安心してください。**アルコール依存症になる心配がないんですから。**

花田 定年後は、寂しさからついお酒に溺れるひとも増えるといいますね。

和田 日本ではお酒のＣＭが堂々と流れていますよね。ＣＭで美味しそうに飲んでみせるのは、じつは日本くらい。外国だと依存症が急増するからと即刻禁止です。

花田 アルコール依存は、日本人が思っているより世界的に深刻なんですね。

和田 そうなんです。だから飲めないひとが幸運だ、というわけです。

花田 文藝春秋の宴会では酒を飲めないひとたちは大変でした。社内三大酒豪というひとたちが昼間から飲んでた。あまり飲まずに裸踊りをやっていたのが、さっきもお話しした田中健五さん（84ページ）だと、偲ぶ会でバラされていました（笑）。協調性があるから老人ホームでもモテていたのかな（笑）。

女性にとっても大切な「男性ホルモン」の働き

花田 お酒が飲めなくても、飲み会に参加することは好きというひとも多いですね。

和田 楽しいですよね。「ひととの交流や会話」を活発にすると、**男性ホルモン**の分泌が促されます。この男性ホルモンが、若さと長生きを決めるもうひとつの秘訣です。

花田 男性ホルモンって、年齢とともにどんどん少なくなっていくんでしょう。それは仕方のないことだと思っていましたが……。

和田 だから増やす努力をしましょうよ。努力をすれば増えます。**女性も関係ないとは決して思わないでください。**女性にも男性ホルモンはありますし、元気と長寿にとって重要な役割を果たしていますから。

花田 先日、和田さんにいただいた『最強の男性ホルモン 「テストステロン」の秘密』(クロード・ショーシャ博士、クロード・デール博士共著 和田秀樹監訳・監修 ブックマン社)によると、男性ホルモンが減少すると、性欲だけでなく欲全般が落ち、判断力や記憶力も鈍ってくるそうですね。

簡単にいうと、良好なタンパク質、果物と蜂蜜が重要。果物を食べるのは午後5時がいいと。朝がいいのかと思っていましたが、これは意外でした。

ひらたくいえばスケベなひとのほうが長生きするというわけですよね。

和田　そうともいえます（笑）。だから私は常々ダジャレを、それもちょっとエッチな「下ネタダジャレ」を作ることをひとに勧めたいと思っているんです。
①ダジャレを作るクリエイティブな作業で前頭葉を刺激し、②笑って免疫力を上げ、③そして男性ホルモンの分泌が期待できる。
一石三鳥の長生き健康法なのです。ダジャレの実例は、ちょっとここでは披露できませんが。

花田　それではあとで、ぼくにこっそりと（笑）。

和田　これで、若く元気でいるために必要な3つの秘訣について説明できましたね。
前頭葉、栄養、そして男性ホルモンです。少し心がけるだけで、70代をもっと楽しく過ごすことができます。

MATOME

「健康」についての結論

● いつまでも若いひとは「前頭葉」「栄養」「男性ホルモン」のバランスがいい。

● サプリメントもコンビニ弁当も、「自分に合っている」なら、じつはすばらしい栄養補給のひとつ。

● お肉を食べることで脳内の血管は、ぶ厚く丈夫になった。簡単には破裂しないから安心していい。

● 女性にとっても「男性ホルモン」を増やすことは大切な老化予防になる。70歳を超えたら、少しエッチなくらいでちょうどいい。

第 6 章

70歳からの人間関係

年々、人付き合いが億劫《おっくう》になってきませんか？

モノへの執着と片づけ

モノを捨てたくないひとは「捨てない」ほうが健康的

花田 ところで、やっぱり断捨離はしたほうがいいんでしょうか。70代も過ぎれば、自分が大切にしてきたものもそれなりに量が増えてきますよね。カミさんが片づけろとうるさいんです。

和田 それは医師の立場からいえば、すっきり清潔な家で暮らすに越したことはありませんが。花田さんの大切なものって何があるんですか。

花田　ぼくの場合、いちばんは「本」と「雑誌」です。本棚に入り切らないから、床にもぎっしり積んである。一時は倉庫を3つ借りて、預けていた段ボールは、200箱にも達しました。

和田　お掃除好きが聞いたら、卒倒しそうな量ですね。

花田　テラダのトランクルームで、預けた段ボールを必要なときに持ってきてくれる、というのが〝売り〟だったんです。だけど結局、20年間一度も出し入れしなかった。これは無駄だなと思って、やっと3年前にひとつを解約しました。

和田　安心しました。

花田　じつはここからが本題。そうしたらその段ボールが家にどっと返ってきて。

和田 ははは、そりゃそうでしょう。それから整理しなかったんですか。

花田 少しはしたんですが、まだ壁が見えません。本棚の前にも置いてあるから本も取り出せない。仕方がないからぼくは段ボールのすき間に布団を敷いて寝てます。カミさんには「よくこんなところで寝られるわね。ダニだってホコリだってすごいんじゃないの」と呆れられますが、「いや、これが気持ちいいんだよ」と（笑）。自分の大事なものに囲まれて眠る幸せ。

和田 それならそれで、いいんじゃないですか（笑）。なぜかといえば、**ひとは自分の精神状態を最優先に考えたほうがいい**、というのが私の意見だからです。断捨離をやり過ぎて「あれがなくなった」と後悔するくらいなら、持っていたほうがいい。時間も使いますし。

花田 その方針、助かります。文芸評論家の紀田順一郎《きだじゅんいちろう》*さんは、年をとってマンション住まいになったとき、奥さんに「本はマンションに入るだけにしてください」といわれて、数万冊あった蔵書を売ったそうです。その本を積んだトラックが出発したとたん、紀田さんはアスファルトの道路にへなへなと倒れ込んでしまったとエッセイ『蔵書一代』（松籟社）に書いてました。

和田 **モノに執着があるのは、人間として当たり前のことですよ。**一般的にいって、年をとればとるほどモノに対する執着が強まるひとが多いとは思いますが。

「互いのテリトリー侵すべからず」で夫婦円満

和田 捨てられない、片づけられないというのは高齢の夫婦がケンカになる原因のひとつで、よくあることです。

＊紀田順一郎（１９３５年－）……評論家・作家。慶應義塾大学を卒業後、商社勤務を経て、評論活動を始める。著作は多数で、ミステリー小説の創作や翻訳も手掛ける。

花田　作家、曽野綾子《そのあやこ》さんのお母さんは生前から少しずつ自分のものを処分していって、亡くなったときに残されていた私物は、身の回りのものを入れた手箱ひとつだったそうです。どうやらそれがうちのカミさんの理想らしい。

和田　「片づいていないとこの世に未練が残る」というひとは、もちろんそうすればいいのです。

だからそういうご夫婦は、**ご主人と奥さんの領域とを、きっちり分ければいい**と思いますよ。自分のものは全部自分の部屋に入れて、あとの部分は奥さんの気が済むようにしてもらう。自分のものがはみ出したり、ひとの領域に口を出したりするから嫌がられるんです。

花田　自分の部屋は自分の城、とお互いに割り切ればいいですよね。それでいいんだよな。

和田　奥さんだってご主人の留守中に部屋をのぞいて、「よし、テキが死んだらこの棚から手をつけて、あの古書店に電話して」とか計画を練っているかもしれませんよ（笑）。

花田　粗大ゴミの処理代金くらいは残しておくことにしよう。ぼくがいなくなったらどうぞあとは勝手にしてください、と。死んじゃったら、こっちは痛くも痒くもないんだから（笑）。

「片づけたら？」という圧力に屈する必要はない

花田　だけど、断捨離はしなくてもいい、といわれてすごく気が楽になりました。

和田　断捨離というのは、いわばブームです。もともとはヨガの思想に由来する言葉のようですが、一般に知られるようになってからは10年と少ししかたっていません。でも今や「断捨離をするのが正しい！」といった感じでいわれがちですね。でもみんながヨガの修行者のような、厳しいルールで生きていかなければいけないということはないでしょう。人間はそれほど立派なものではありません。そんな圧力は気にせず、それぞれが自分が快適だと思う状態で暮らすのがいちばんいいんです。

花田 「聖人圧力」という目に見えない圧迫のことも、和田さんはさっきおっしゃっていましたね。誰かにそういわれたわけでもないのに、「年をとったのだからこうでなくてはいけない、こうするのが正しい」と勝手に思い込んで、圧力を感じてしまう。

和田 日本人お得意の「空気を読む」というやつですね。70歳を超えて、せっかくそれまでの肩書きや社会的な立場から解放されたんです。これまでずっと気を遣って我慢してきたのなら、もっと肩の力を抜いてみてはどうですか。それこそが**70歳からの特権**ですよ。

人付き合いの断捨離

「友達が多いから幸せ」は幻想にすぎない

花田 年賀状をやめるというのも、断捨離の一種なのでしょうか。今年もらった年賀状にも「もう高齢になりましたから、今年で年賀状を出すのをやめます」というのが何枚か混じっていました。

和田 「**年賀状じまい**」というやつで、これも最近になって出てきた風潮ですよね。家族や友人との付き合いには悩みも多いですから、ひとつ【人間関係】について深掘りしてみましょう。

花田 ぜひお願いします。年賀状じまいなんて、まさしく悩みの種です。こっちから出すのも相手に迷惑がかかるような気がして、「年をとると年賀状も出しちゃいけないのか！」という圧力を感じてしまいますよ。

和田 いえいえ、それも「付き合いで」とか「みんながやっているから」とかいうしがらみから解放されたからでしょう。

花田 人生のある時期に仕事をともにしたひとたちと、1年に1回くらい、今こんなことをしていますという近況を知らせ合うのはぼくは嬉しいですけどね。だからぼくは今でも1000枚近く出しています。

和田 お忙しい身で、すごい数ですね。時間がたっぷりあるひとも多いのだから、出したければ出せばよいと思います。片づけの話と同じで、「自分が気持ちよくいられる」という精神状態を最優先に、行動すればよいのです。

花田 良かった、これで免罪符を得たぞ。

和田 ただ一方で、私はモノはともかく、**人付き合いは断捨離をしてもいい**と思っています。70代になれば、嫌いなひととはもう付き合わなくてもいい。友達がたくさんいるほうが幸せだというのは、幻想だと思います。

花田 年をとっても付き合ってくれるのはありがたい、というひともいますが。

和田 本当にそうでしょうか？　やりたくもないことや面白いと思わない話に無理に付き合うのは、つまらないじゃないですか。自分をそんな狭いところに押し込めてしまうのはもったいない。もっといろんなことが自由にできる年齢になったのに。
そんな時間があるんだったら、年賀状でもみんなにではなくて、本当に出したいひとだけに出してみたらどうでしょう。それもハガキ一枚ではなく、封書の手紙にしてみるとか。

花田 逆転の発想ですね。案外、思いもかけなかった反応があるかもしれません。

和田 付き合いを断つというより、好きなひととだけ会えばいい。そうしたほうが世界が広がります。

花田 確かに、浅い付き合いをたくさんしているから「なんだか寂しい」と感じるのかもしれませんね。逆に、とことんまで深く話せる友人が1～2人いると、それだけで心の充足感が上がる気がします。

和田 外国の映画でも、気の合うジイさんが2人で旅に出るというのがありますね。邦題は『最高の人生の見つけ方*』だったかと。事件が起こったり、ちょっとケンカしたりもするけど、新しい経験を重ねて、最後に思いもかけなかったことが起こる。昨年話題になった言葉でいえば「新しい景色*」が見えるような旅。

花田　そういう友情には憧れますね。

主義主張をはっきりと発言できるのが「本物の成長期」

和田　会社に勤めているときなら、ちょっと政治的なことを話題にするとすぐに右翼だ、左翼だといわれてしまうから控えていたかもしれません。でも70歳を超えた今こそ、

*『最高の人生の見つけ方』……2007年にアメリカで公開された映画。ジャック・ニコルソンとモーガン・フリーマンという名優2人が主演。死を意識した初老男性2人が意気投合し、残りの人生をともにする感動作。原題「THE BUCKET LIST」は、死ぬまでにやりたいこと、の意味。

*新しい景色……2022年11～12月に開催されたサッカーのワールドカップ、カタール大会で流行した言葉。日本代表として未到達の「ベスト8」に進出することを目指し、監督や選手たちがそれを「新しい景色を見る」と表現した。

思ったとおりやってみてもいいのでは。デモに参加するとか、ちょっと過激なジャーナリストの講演を聞きに行ってみるとか。

花田 だから最近の国会周辺のデモなんか、高齢者が多いのかな（笑）。

和田 周囲を気にせず、**主義主張を平気で表に出せる**ようになるのも高齢者の特権です。もともと若いころは、学生運動に精を出していた世代なんですから。

花田 そう考えると、高齢者になるってかなりいいですね。この年までできたらもう周りを気にしなくていいと。

和田 その特権を自分から我慢して遠慮しているひとが多いから、私はやきもきするんですよ。もう気にしなくていいんです。お金と時間に余裕があり、肩書きや世間体からも解放されて、好きな事に没頭する。**それこそ、「70歳からが本物の成長期」たるゆえ**

んです。

花田　やってみたいなあと思っていても、それまで控えていたなら何からやればいいかわからないひともいるし、仲間なんていないということがあるでしょう。

和田　SNSがありますよ。70代以降でもスマホやパソコンを使いこなすひとは多いです。SNSは若いひとが使うものだと思われているかもしれませんが、そうでもないんですよ。しかも顔が見えないから、年齢の壁を気にせずにいろいろな情報に接することができる利点があります。

花田　そういえば年下の編集者に聞いた話がある。最近、75歳で嘱託の仕事を勤め終えた父親が「スマホってどこで、どうやって買うのがいいの？」と尋ねてきたらしい。2～3年前には「ガラケーひとつで十分」と胸を張っていた父なのに、と驚いていたよ。もうそんな時代になったんだね。

和田　女性なんて90代でもＳＮＳを駆使しているひとは多いですからね。

「孤独を愛する生き方」が性に合うひともいる

和田　ただね、そうやって自分と話の合うひとを見つけることができるかもしれませんが、別に無理に探さなくてもいいんじゃないですか。孤独が好きなひともいます。作家の五木寛之さんもそういって、今でもホテルでのひとり暮らしを貫いていますよ。

花田　孤独ねえ。年をとってからひとり、というのはなんだかすごく寂しいような気がします。男のほうが孤独には弱い。だから、奥さんとじつはぜんぜん気が合わないんだけど、いまさらひとり暮らしになるのは怖いからと、我慢して結婚生活を続けている話もときどき聞きますね。

和田　確かに男性に多い。でも、エイヤッと踏み切れば、案外平気なんですよ。孤独って慣れてしまうものなんです。
ひとり暮らしの高齢者に比べて、家族と同居している高齢者のほうが「自殺率が高い」というデータがあります。家族に気を遣うとか、**迷惑をかけないようにと遠慮しているほうが鬱にもなりやすい。**

花田　そうなんですか！　意外ですが、わかるような気も。断捨離圧力に悩まされることもありませんしね（笑）。

和田　男性に限っていえば、無理をして結婚生活を続けるより、週に3、4回飲みに行ける相手がいればだいたい十分なんですよ。飲み会が1回3時間とすると、週に10時間くらい。1週間は全部で168時間ですから、そのうちわずか10時間くらい、楽しく話せる相手がいれば寂しくないものです。

花田　それもわかる気がする。明日はあいつと酒を飲める、とか、次回はこの話をしよう、とか考えている時間はけっこう楽しいですもんね。

女性は高齢になるほど元気になっていくメカニズム

和田　一方で、女性はそのあたりが上手なんですよ。ひとり暮らしの高齢女性でも、よく友達とごはんを食べにいったり、2、3人でバス旅行に行ったりしているでしょ。

花田　高齢の女性グループはしょっちゅう見かけますね。留守番をしているご主人のほうが「早く帰ってこい」と家でぶつぶつ文句をいってる、という話もよく聞きます（笑）。「老後を楽しむ」というテーマの本の著者も、圧倒的に女性が多い。こんなことをいうと怒られますが、ずっと昔「オバタリアン」という言葉が流行しましたね。確かに高齢になるほど女性のほうが、生き生きとエネルギッシュになっていく気がします。

和田　これは最近わかったことなのですが、女性のほうが高齢になると「男性ホルモン」の分泌量が増えるんです。男性ホルモンが多いと異性に対する興味も高まりますが、同性同士でも集まりたがる。つまり**人付き合いが活発**になるんです。男子高校生がよく、何人かでベタベタくっつきながら歩いているじゃないですか。若い男性サラリーマンが理由もなく飲み会をやるとか。

花田 そうそう、確かに。

和田 しかし男性ホルモンが減ってくると、それが面倒になってくる。一方で女性はその絶対量が増えるから、女性のほうが元気になるし、人付き合いが盛んになる。

花田 どうして女性は増えるんですか。

和田 理由はまだわかっていません。ただ東日本大地震のあと、被災後の生活でホルモンバランスがどうなるかという調査をしたデータがあります。そうすると、閉経後の女性の男性ホルモンは相対的に増えるのではなくて、**絶対量が増える**という結果が出たんです。

花田 面白いですねえ。って、男のぼくが面白がっている場合じゃないか（笑）。

和田 適応現象かもしれないですけどね。女性のほうが長寿で、ひとりで残されることが多いから。夫が亡くなって鬱になる女性もいますが、ずっとそれが続くというひとはあまりいません。私の見るところ、3ヶ月から半年で復活します。

花田 夫に死なれた妻は長生きするけど、妻に死なれた夫は早死にするといわれています（笑）。男はだいたい、しおたれてしまいますね。それで熟年離婚も、女性から切り出すことが多いのか。年をとるほどに、それまでより活動的になっていくわけだからね。専業主婦だったひとなら、年金もご主人の退職金も権利として分割してもらえて、お金の心配も少なくなるし。

和田　われわれ男性も負けてはいられません。男性ホルモンを増やす努力をしましょう。だから前章でもいいましたように、下ネタダジャレを考えるのはすごくいいんです。セクハラといわれても気にせず……まあセクハラは決して許されませんが、でも**仲間内でダジャレをいって笑うくらいいいじゃないですか。**それで元気になれるなら、何も遠慮することはありません。

花田　「真剣にダジャレを考える」って、あべこべな感じもなんだかいいね。

和田　モノの断捨離はしなくていい、一方で人付き合いは整理していい。そんなふうにして、自分がいちばん快適に過ごせる環境を作るのが、70歳からの正解です。

M A T O M E

「人付き合い」についての結論

- モノを捨てたくないひとは「捨てない」ほうが健康的でいられるので、「片づけろ圧力」に屈する必要はない。
- 70歳を超えたら、人付き合いは断捨離していい。友達は少なくとも満ち足りた気持ちにはなれる。
- 「孤独を愛する生き方」が性に合うひともいる。無理に家族や友人と付き合わなくてもいい。
- 高齢になるほど女性が元気になるのは、医学的も証明された事実である。

第7章

70歳からの終活

死ぬのが怖くならない方法はありませんか？

「死」は意外と怖くないもの

大丈夫、ほとんどの不安は現実には起こらない

花田 さすがに70代を過ぎると、訃報を受け取ることがだんだん増えてきました。いっしょに仕事をしたひと、知人の奥さんやご主人、とうとう同級生まで。嫌になっちゃいますね。次はいよいよぼくかと。

和田 そうなると、イヤでも「死」を意識してしまいますね。

花田 本当に。前にダジャレのことで話した友人の小森クンが「オレがお前の弔辞を読んでやる」というから、「いや、オレが読んでやる」「いや、オレのほうがうまい」といい合っています（笑）。

和田　今の日本だと、70代で亡くなるのは早いと思われてしまいますね。でも当たり前ですが、人間は必ずいつか死にます。例外はありません。

花田　この年で死について話したりすると「縁起でもない」といわれてしまうし、若いひととはそんな話はしないし、なかなかそういう機会もないのですが。

和田　私もあえては、しないですね。

花田　でもせっかくだから、シニアの本音をぶつけさせてください。どうして「死ぬこと」は怖いんでしょうか。知っているひとが死んでいなくなると寂しいから、不安になるのかな。

和田　そうですね。私も「死が怖くなくなる方法はありませんか」とはよく聞かれます。そういうときは「眠ったまま起きてこない状態ですよ」とお答えしています。たくさんのひとの死を見てきましたが、実際には、**もがき苦しんで死ぬひとというのはほぼいません。**死の間際になるともう意識はないんです。

花田　新型コロナの流行で、ECMO《エクモ》という人工呼吸器が知られるようになりました。映像を見るとあれは嫌ですね。ECMOにつながれて死ぬなんて、考えただけでもイヤ。

和田　ECMOに限らず人工呼吸器を装着するときには、麻酔を投与しますから大丈夫。意識があったら苦しくて耐えられないものなんですから。

花田　そうなんですか！　でもそれじゃ最後のときに話ができないじゃないですか。

和田 駆けつけた家族に囲まれて、「みんなありがとう、さようなら……」といいながらすうっと息を引き取るなんて、ドラマのなかにしかありません。意識がなくなってから死にますから、**美しい死に方や理想の死に方なんて、考えても意味がない**と思っています。少なくとも私は考えたことはないですね。
お金持ちでも貧乏なひとでも、亡くなるときはみんな同じです。

眠っているうちに旅立てるから、痛くも怖くもない

花田 ぼく自身はふだん、死について考えることはないですね。あまり怖いとも思わない。

しかし、病気になって痛いのはイヤです。

常々、赤ペンを握って原稿を読みながらバタッと倒れて死ぬのが理想だ、と冗談にいっているんですが。でも考えてみれば、そこが会社だったりするとみなさんにご迷惑がかかっちゃうしなあ。

和田 花田さんは編集者一筋でやってこられましたからその思いもわかりますが、そういう死に方はふつうはしないので安心してください（笑）。だいたいは倒れたところを見つけられて、病院に運ばれて、意識をなくしてあとは同じです。

花田 これまでに一度だけ病院で手術を受けたことがあります。盲腸だったんですけどね。手術当日に病室で、看護師さんに「これから麻酔をかけます」といわれたのにいつまで待っても来ないなあ、と思っていたら、もう手術が終わって病室に戻っていた。意識をなくして死ぬとは、そんな感じなんでしょうか。

和田 そうだと思います。浴風会病院に勤めていたころ、月に2回当直がありました。在院者は平均年齢が約85歳で、亡くなるのがだいたい毎年200人なんですが、当直2回のうち1回くらい誰か亡くなる。昼間ではなく、**夜、眠っているうちに心臓が止まってしまう**というひとが多いんですよ。

花田　突然亡くなるんですか。

和田　いえ、末期の方にはモニターがついているから予期はしています。それをチェックしている看護師さんに「先生、もう心臓が止まっています」と呼ばれて、死亡確認をするわけです。

花田　それじゃ、家族は死に目にあえないですね……。

和田　死に目にあうというのは、夜でなくても難しいものですよ。それに死に目にあう、死の瞬間に立ち会うといっても、本人は意識が混濁していることが多い。死の直前に話ができるというのはまれなケースですから、「死に目」ということにもそんなに意味はないんです。

花田　そう思えば家族も気が楽になる。

和田 みんな、眠っているうちに死ぬんですよ。人工呼吸器などのいわゆる延命措置をされてむりやり生きさせられているひとも、最後には意識がなくなる。

花田 眠るが如くの大往生ですね。それがいちばんいい。
自宅でも、おじいさんが朝起きてこないと思って見に行ったら亡くなっていた、という話をときどき聞きます。本人も家族も、お互い幸せですよね。

和田 死とは実質、それに近いものだと思います。「ふつうに死ぬ」って**意外に怖くないものなのですよ。**

「ガンで死ぬのがいい」は的を射ている

花田 でもガンなど、痛くて苦しい病気もあるでしょう。痛いのは苦手。だから手術は絶対にしたくない。

和田 だからモルヒネを使ったりして、十分な痛み止めをするんです。誤解を恐れずにいえば、ガンは楽な死に方ですよ。近藤誠*先生の言葉を借りると、ガンは自然な生理現象なんだからそんなに苦しくはない。だから検査をして探さない限り、末期になるまで、手遅れになるまで発見されないのだと。ぼくの経験ではそれは本当です。

花田 「ガンで死ぬのがいちばんいい」という意見も、聞きますね。比較的最後まで意識ははっきりしているし、余命がだいたいわかるので心の準備も、あとあとの準備もできるからと。

近藤誠……（1948-2022年）……医師。専門はガンの放射線治療で、乳ガンでの乳房温存療法の日本の第一人者として知られる。抗ガン剤の毒性、拡大手術の危険性など、現代医療に警鐘を鳴らす姿勢が支持を集め、著書『医者に殺されない47の心得』はミリオンセラーに。

和田　脱水や餓死というのも、じつは意外に苦しくないいんです。だんだん意識が遠のいていって、すうっと穏やかに死んでいく。

花田　案外、辛くないものなんだ。

和田　身体が受け付けないのに無理に点滴などをするから辛いんですよ。脱水しているときは心臓の機能が弱っているから、そこへ水分を注入すると足はむくむし、肺に水が溜まればそれは溺れているのと同じ。これは本当に苦しいです。でも病院では「脱水症状があれば点滴をする」ということになっているから、そうされてしまうんですよね。

花田　「脳内モルヒネ」という言葉を聞いたことがありますが、これは本当ですか。死の危険やものすごい恐怖に直面したときに、モルヒネに似た物質が分泌されて意識が楽になるというような……？

和田 実証されているわけではありませんが、動物実験ではそういうデータがあります。それに今はほとんどのひとが病院で亡くなる時代です。病院では麻酔や痛み止め、点滴に睡眠薬のようなものを入れたりするなど、痛みや苦しみにしっかり対処してくれる。だから元気なうちからあれこれ考えて、ビクビクしなくてもいいんですよ。

病気になったらなったで、以前と変わらず暮らせるもの

花田 なるほど、死そのものは、じつは怖くないということはよくわかりました。だけど和田さん、たとえば病気になって、「これはそのうち死につながるんじゃないか」と思うとやっぱり怖いじゃないですか。そういうのはどう考えたらいいんでしょう。

和田さんとの共通の知人である医師の木村盛世《きむらもりよ》さんから聞いたんですけど、和田さんはじつはいくつも病気を抱えているとか。

和田　個人情報が漏洩されましたね（笑）。というのは冗談ですが、そうなんです。ふつうの医者が見れば、健康とはいえないでしょう。先ほども少しお話ししましたが、58歳のときに「**糖尿病**」であることがわかりました。そのときの血糖値は660㎎／dLでしたし、中性脂肪は先日の検査では2500㎎／dLもあった。中性脂肪も1000を超えていなければ、まあいいかと思うところですが。

花田　一般的な基準値では、血糖値は空腹時で70〜100㎎／dL、中性脂肪は149㎎／dLとなっていますよね。和田さん、大丈夫なんですか？　日常生活に不都合は？

和田　まあ、検査データだけ見ていたらとても悪いということになりますね。血糖値が高いとすごく喉が渇くし、頻尿でトイレが近くなるんだけど、私は「とりあえず元気でふつうに生活できているからそれでいいか」と考えているんですよ。

花田 適応現象みたいなものでしょうか。

和田 私の場合はもう適応現象を超えるレベルでしょう（笑）。放っておいたら腎臓を悪くして、作家の佐藤優《さとうまさる》さんのように**人工透析**を受けなくてはいけなくなるのでしょうが、佐藤さんはそうなったあとでもまったくペースを落とさずに執筆活動を続けています。

花田 佐藤さんは腎臓が悪化する前には、雑誌などの連載が合計30本。締め切りが1日2、3本というんだから超人的な仕事量ですよ。手帳のスケジュールを見てびっくりしました。最近も本を出版されましたし、月刊『Hanada』でも長く連載を続けてもらっています。**体調が悪くても、一度も休載したことがありません。**

医師はどうやって自分の「心不全」と闘っているのか

和田 すさまじい仕事量ですね。じつは私も最近、さらに「**心不全**」にもなりました。ある日飛行機を降りたとたん、生まれて初めて喘鳴《ぜんめい》がした。喘息《ぜんそく》のように息をするとヒューヒュー、ゼーゼー音がするんです。

病院に行ったらすぐに心エコー（心臓超音波検査）されて、かなり危険な心不全と診断されました。入院しましょうといわれたけど断り、治療法をいろいろ試して、今は利尿剤を飲んでいます。これもまたトイレが近くなるんだけど、少なくとも息切れはしなくなりました。

花田 それほど重かったら、入院したほうが良かったんじゃないですか？

和田 そうすると行動が制限されるし、食べるものも決められてしまうじゃないですか。あとでまたお話ししますが、**日本の医者は基準値にこだわりすぎるんです。**患者本人やそれぞれの状況のことより、医者が診ている一部分、つまり血糖値なら血糖値の数値が少しでも基準値から外れると、大慌てでそれを基準値内に押し込めようとする。

花田　医師に「危ない」「入院しなさい」などといわれれば、当然怖いですよ。

和田　でもそれだと病気だけがすべてになってしまって、結局生活も人生も振り回されてしまいます。
私もかつては、心不全にだけはなりたくないと思っていたし、今も人工透析患者にはなりたくないなあと思っている。でも実際になってみると、なんとかやっていけそうな気がするわけですよ。佐藤優さんのように。

花田　すごい境地ですね。

和田　病気を怖がってどんどん生活を縮小させていくより、病気と折り合いをつけながらできるだけこれまでどおり、生活を楽しんだほうがいいのです。

認知症になっても、生物として死なないようにできている

花田　それは和田さんが、病気を抱えたたくさんの高齢者を見てきたからそう思えるんですか。

和田　そう、人間というのは意外にしぶとく、たくましいものですよ。また浴風会病院時代の話になりますが、あのころは月に2回保健所に派遣されて、そこから訪問診療に行っていました。ひとり暮らしの高齢者が徘徊していたり、家がゴミ屋敷になっていたりすると近所から連絡がありますから、そういうところへ行く。行ってみると確かにかなり認知症が進んでいて、部屋には食べたあとの弁当ガラが100段くらい積み重なってものすごい悪臭がしたりしている。

花田　そんな大変な診療まで経験されているとは。

和田 じつは私がすごいなあと思ったのは、そんな状態でも**本人は案外ケロッとしている**ということです。検査をしてみると、よくまあこんな状態でと思うくらいひどいデータが出る場合もよくありますが、それでもちゃんと生きていられるんですよ。

花田 認知症になっても、ひとりで生活できているんですね。それでそういうとき、和田さんたちはどうするんですか。

和田 入院できるように手続きをするなど、必要とされている対応をとります。余計なお世話をしているなあとは思いながら。人間は何があってもなんとかなるし、**図太く生きていけるんだ**と思えるのは、そういう体験もあったからです。

徘徊しても家には帰れるし、事故にもあわないのが実態

花田　認知症で徘徊となると、車にはねられる危険もある。ひとりで暮らすことはできても、そういう外部の危険にはなかなか対応できないのでは。

和田　そこもちょっと誤解があると思うんですよね。私が見てきたなかでは、徘徊するひとが本当に家に帰れなかったケースは2件だけです。車にはねられたひとはいません。

花田　えっ、そうなんですか。それは確かに意外です。

和田　土手から転がり落ちちゃったというひとはいましたけどね。子どもや動物と同じで、怖いと思ったら逃げるんですよ。人間の適応力です。

花田 防衛本能ということでしょうか。危険を感じたら、それがいったい何かはわからなくてもとにかく逃げる。

和田 そうですね。そういう反応は他にもいろいろ見られます。かつて大企業の重役だったりして周囲に高圧的な態度をとっていたひとが、急に敬語で丁寧に話し始めることもある。人間関係がわからなくなると、そういう態度でいたほうが自分が安全ですから。自分の子どもに敬語を使うようになって、お子さんたちが認知症に気づいて受診させるというケースがあります。

花田 誰でも本能的に安全な方法を見つけ出すんですね。

和田 そうなんです。ほかにもたとえば金銭感覚がわからなくなって、買い物の計算ができなくなっても大丈夫。そういうときは、ジュースを1本買うのにいつも1000円札を出すようになりますから。それでポケットが小銭でいっぱいになるけど、ジュースはきちんと毎回買えるんです。

花田 今でも海外旅行に行くとだいたいそうなります（笑）。高額紙幣を出していたほうが早いし安全。

和田 そんなものですよね。だから弱ったり、衰えたりしたら必ず保護しなくてはいけないということはなくて、弱いなりに何かで自ら補っていけるものなんですよ。

花田 ボケても安全安心。そういうことか。

交通事故を恐れて引きこもるのがもっとも危険

花田 それにしても、徘徊しても交通事故にあわないというのは驚きでした。

和田 交通事故が危ないのは、認知症のひとよりも自分の能力を過信している高齢者ですよ。昨年、仲本工事さんが交通事故で亡くなったでしょう。

花田 横断禁止の道路を無理に渡ろうとしたそうですね。

和田 映画監督の若松孝二さんも、横断歩道のない道路を渡ろうとしてタクシーにはねられました。若いころと同じ感覚で、走れば大丈夫と思ってしまうんです。特に仲本さんは元運動選手だったと聞きますし。

花田 元気で自分のことを何でもできていたひとでも、家のなかで転んだとたんに要介護状態になってしまうという話はよく聞きます。そういう意味ではただ大丈夫と思うだけでなく、自分の現在の状況をしっかり理解しておく必要がありますね。

和田 油断したときがいちばん怖いですよ。年をとっても自分は何も変わっていない、と思っているひとほど気をつけてください。交通事故で、高齢者が加害者になる割合は2割です。ところが被害者になる割合は6割なんですよ。

花田 意外に多い……。そういえば横断歩道のないところで道路を横切ろうとしているのは、圧倒的に高齢者ですね。本人はさっさと歩いているつもりだと思うんだけど、足元がおぼつかないから見ているほうはハラハラですよ。「ジイさん、気をつけろよ」と思わずつぶやくと、カミさんに隣で「あなたもね、ジイさん」といわれるんですが。

和田 そうです。70代になったら面倒くさいと思わずに、必ず横断歩道まで行って道路を渡りましょう！

ブレーキとアクセルの踏み間違いよりも、運動能力の過信のほうが危険です。高齢ドライバーから運転免許証を取り上げると多少安全になるかもしれないけど、車に乗れなくて歩くようになるともっと危ないですよ、ということです。

理想の死という幻想

「在宅死」についての大いなる勘違い

花田 じゃあ和田さんは、高齢者でもずっと自宅にいられると思いますか。ぼくだってできればそうしたいですよ。「在宅死」も近ごろはよく話題になりますね。

和田 最期は自宅で迎えたいと希望するひとは多いですし、私もやはりそれが理想だと思います。でもここで気をつけなければいけないのは、**「在宅看取り」と「在宅介護」は違う**、という点です。

花田 看取りと介護が違う？　亡くなる前には介護を受けるでしょう？

和田 私のいう在宅看取りは、ガンなどの病気で「①ある程度死期が予測できて、②意識もはっきりしている」ケースを指しています。この場合、在宅看取りはとてもいいと思います。家族でいっしょにごはんを食べたり、コミュニケーションをとっているうちにだんだん弱っていき、最期を迎える。**長くても数年のことが多いです。**

花田 なるほど。では、在宅介護は？

和田 ところが在宅介護になると**期限がないんですよ。**10年間なのか20年間なのか、それともっと長くなのか、まったく予測がつかないまま家族が介護をする。もしかすると、認知症が進んで本人とコミュニケーションがとれなくなる場合もあるし、症状によっては暴言を吐かれたり暴力を振るわれたりすることもある。

花田 よく耳にする悲しい状況ですよね。

和田 それなのに食事を用意し、洗濯をし、寝たきりになったら痰の吸引をするなど、身の回りの世話を全部しなくてはならない。そうなると必ず疲弊して、介護をする家族にも限界がきます。配偶者による老老介護で、精神的に追い詰められて最悪の結末になってしまったというニュースも時折ありますね。

花田 ぼくだったら、できるだけ家族に迷惑をかけたくないと思ってしまうんだけど。でもひとによっては絶対自宅から出ないぞとか、または家族自身が施設に預けるなんて恥ずかしいというとか。あるいは周囲が、「家族による介護こそがすばらしい崇高なことだ」と押し付ける場合もある。

和田 在宅看取りは確かに理想だと思いますが、**在宅介護になると、理想といえるかどうか。**家族が介護を全負担することは非常に危険で、共倒れの可能性が高い。高齢者か、家族か、ではなく、両方がダメになってしまう。最悪のケースにこそならなくても、どちらも幸せでなくなるということにもなります。

花田　それは誰もが避けたい辛いケースですよね。

和田　はい、本当に。どんなに葛藤があってもある程度の時点で見極めて、施設に入るなり、さまざまなサービスを受けるなり、方向を切り替えないといけないと思いますよ。

じつは孤独死こそ究極の「ピンピンコロリ」である

花田　その点、「ひとり暮らし」だとそういう葛藤がないからいいのかも。といいながら一方で、**孤独死**は嫌だなあと感じるぼくもいる。死んだのに何ヶ月も発見されないなんて思うと、ゾッとしますよ。

和田　それ、孤独死は不幸だという思い込みではないですか？　考え方を変えてみましょう。**孤独死ってだいたい「ピンピンコロリ」なんですよ。**

花田　え！　ピンピンコロリって……お地蔵さまにお願いしてかなえてもらいたいくらいの、みんなの夢じゃないですか。ぽっくり寺*なんてのもあるくらいで。

和田　孤独死は絶対嫌だとみんないうけど、いってみれば昨日まで元気でひとり暮らししてたひとが、あるとき急に「うう、苦しいな」と思って、でも救急車が呼べなかったと。最初の1時間くらいは辛いかもしれないけど、それだけです。

花田　なるほど、孤独死は究極の「ピンピンコロリ」だったんですね。

*ぽっくり寺……「ピンピンコロリ」の成就で信仰される寺社。通称「ぽっくり寺」で、会津ころり三観音をはじめ日本各地に点在する。

和田　じつはそうなんです。今は介護保険があるので、もし要介護認定されたり寝たきりになったら、ヘルパーさんが定期的に訪ねてくる。そうなってしまうと、孤独死したくても、ヘルパーさんに見つかってしまってできないんですよ。

花田　確かに。そのあとは病院や介護施設で最期まで入所、という流れが想像できるな。孤独死は発見されないのが嫌だなと思ってたけど、そうでもないんですね。

和田　死んだ後の自分の気持ちを考えても、仕方がないでしょう（笑）。

花田　そりゃそうですね。無駄だな（笑）。

和田　それでも嫌だというひとは、「やりたかったこと」をやり残した自分を思い浮かべるからではないでしょうか。だとしたら、やることはひとつ。再三お伝えしているとおり、たった今から「やりたかったこと」を実現させていきましょうよ。

「死後」を考える時間があるなら、「生前」を充実させよ

花田 死ぬ前にいろいろ考えておく、死んだらこうして欲しいとか、書いておくのはどうでしょう。

和田 終活には、私は反対なんですよ。

花田 こんな葬式がいいなとか、考えませんか？　ぼくは小学校唱歌の「仰げば尊し」が大好きなので、あの歌を流して欲しいとだけ、カミさんにいってあります。だけどぼくの恩を仰いで欲しいといっているようで、そう思うとちょっと気が引ける（笑）。

和田 花田さんの奥さんがどんな方かは存じませんが、**いい残したとおりにしてくれるかどうかなんてわかりませんよ。**

花田 まあ確かにね。終活で立派な墓を建てるというひともいますが、100年後にもそれが大事にされているかといえば難しいですよね。ひ孫の世代になればだいたい、お互いに顔も見たことがないということになるし。

和田 結局、自分がそこにいないわけですからね。自分がひいおじいさんをどれだけ大切に思ってきたかと振り返れば、逆もまたしかりでしょう。それよりも今生きている時間をどれだけ充実させるかとか、死ぬことを考えるのならそれまでの間にこの仕事だけはやっておきたいとか、そういうことを考えたほうがいい。

花田 死んだあとのことは確認できませんからね、誰にも。

和田 エンディングノートを一生懸命細かく書いている暇があったら、もうちょっと創造的なことを書いたほうがいい。死後ではなく、今やりたいことを書く。そのことを一生懸命考える。

花田 生きてるうちは「生きてる間のこと」を考える、か。当たり前のことが案外できてないもんだな。

和田 第一、終活を始めてエンディングノートなんて書いていたら、意識しなくてもいい死をわざわざ意識することになるじゃないですか。**誰にどんな死がやってくるかなんてわからないのに。**

花田 余計に怖くなるということですね。結局死ぬことそのものより、それを考えているときのほうが怖いということでしょうか。

和田 先ほどいったとおり、死が怖いと思っているひとは、もしかしたら何かやり残したことがあるのでしょう。だからこのまま人生が終わってしまうと思うことに、不安を感じる。

ですが、死ぬこと自体は怖くありません。病気になっても、認知症になっても怖くありません。なんとかなります。

だから、そんなことを心配するよりも、今やりたいことを全力でやりましょうよ。死ぬのが怖くなくなるためには、それがいちばんいい方法です。

花田　70歳からは、本当にやりたい放題やっていいんだと確信しました!

MATOME

「終活」についての結論

- 「死」は意外と怖くないもの。私たちの不安のほとんどが、現実には起こらないから安心していい。
- 糖尿病、心不全、人工透析……。病気になったらなったで、以前と変わらず暮らせるものである。
- 認知症になって徘徊しても、ひとはそうそう死なない生き物。家にだって無事に帰れるし、じつは交通事故にもあわない。
- 「死」への先入観は間違いだらけ。理想の死なんて幻想にすぎないし、孤独死も「究極のピンピンコロリ」だから捨てたもんじゃない。
- 終活して「死後」を考える時間があるなら、その時間を使って「生前」を充実させるべし。

第8章

70歳からのデジタル化

スマホやデジタル社会には慣れるべきでしょうか？

スマホとＡＩの正体

インターネットとテレビ、どちらの情報を信じるべきか

花田　ふだん生活していて、自分は高齢者なんだとふいに突きつけられるような気になるのは、やっぱりデジタルの問題ですねえ。ぼくは仕事で必要だからiPadは使ってますけど、スマホは持っていません。ガラケーで押し通しています。

和田　確かにそういう情報技術、いわゆるＩＴは高齢者と若い世代とを分断させたといえるでしょうね。

花田 スマホ世代とそれ以外で、そりゃあもうハッキリと分かれていますよ。

和田 さらにはパソコンとかスマホとか、そういうITスキルを身につけないとこれからは生きていけないとでもいうような、強迫観念を社会全体に植えつけました。高齢者でも、パソコンが使えるあのひとは勝ち組、使えない自分は負け組、みたいな気分になってしまうのでしょう。

花田 考えるだけでも嫌だなあ。電子マネーも「何とかペイ」って種類が山ほどあるけど、**現金で払えばそれで済む**じゃないですか。本は紙の手触りがいいのであって、デジタル本なんて読んだ気がしません。

和田 ずいぶんとご立腹の様子ですね（笑）。

花田 まだあります！ 何より許せないのは銀行です。紙の通帳を新規発行すると有料だなんてどういうことですか。デジタル通帳にしてデータが消えたらどうするんですか。紙に印刷してあるほうが安心です！　窓口での小銭預金も有料になったし（笑）。

和田 ペーパーレスとデジタル化は世界規模でものすごいスピードで進んでいますからね。花田さんのようにワガママをいっていてはみんなが困ります（笑）。

花田 自分のことはさておいて、年をとるとデジタルが使えないからテレビばかり見るんでしょうか。前にも話をしましたが、テレビで聞いたことをそのまま鵜呑みにしている同世代が多いのは、情けない限りです。

和田 私が2022年9月の『徹子の部屋』に出演したあと、著書の売り上げが急に伸びたことがありました。その話を作家の林真理子《はやしまりこ》さんにすると、「私は『徹子の部屋』に4回出たけど、そのあとで本が売れたなんてことはなかったわよ。和田さんは高齢者向けの本を書いているからじゃないの？」というんです。それを鑑みると、影響力は大きいですね。

花田 テレビの情報というのは一方通行ですから。信じてしまうと修正ができない。それに比べるとインターネットなどの情報は、玉石混淆《こんこう》とはいえ、少なくとも受け身ではなく**自分で情報を取りにいける**というのはいいですね。ツイッター*も品はないけど、なかなか鋭い意見が見つかって参考にはなります。

和田 あれ、花田さんはツイッターで情報を見ているんですか。

花田 いいえ、若い編集部員に紙に印刷してもらって見ている（笑）。

和田 そうでしたか（笑）。まあ総論として、ＩＴは使えたほうが便利ではありますね。

＊ツイッター（Twitter）……１４０文字以内の文章をインターネットに投稿できるＳＮＳ（ソーシャルネットワーキングサービス）。誰でも著名人の投稿が無料で見られ、世界中で数億人が利用している。

ITは「ただの道具」と割り切って付き合えばいい

和田　ただ、これは決して70歳以上のみなさんを慰めるためにいうのではありませんが、**ITやスマホを使いこなさなくてはいけないと思い込む必要はないのです。**パソコン教室やスマホ教室に行くのもいいけれど、使い方を覚えることが偉いんだとなると、「それを使って何をするか」が二の次になってしまう。つまり、デジタルを使いこなすことより、中身のほうが大事だということです。

花田　デジタルの中身とは、どういうことですか？

和田　英語にたとえて考えてみましょう。
日本人は英語を熱心に勉強しますが、「それを使って何をするか」はあまり考えていないようです。話せさえすればすごいひと、偉いひとだという。でもたとえば子ども時代をアメリカで過ごしてペラペラになったとしても、その後も学習を続けなければ、おとなになっても子どものような単語を使った会話しかできません。

花田 そうかもしれない。

和田 日本でもっとも英語がうまい官僚といわれ、アメリカの大学院で博士まで取った榊原《さかきばら》英資《えいすけ》さんでさえ、英語で考えたりしゃべったりするときは、頭のなかの処理能力が3分の1くらいになってしまうそうですよ。

花田 へえー、あんな英語の達人でもか。

和田 母国語と同等に使うことはなかなかできないんですよ。だからほとんどの日本人にとって、**英語は道具にすぎない**ということです。ノーベル賞受賞者であれば英語が話せなくても、相手がこちらのいうことを理解しようとしてくれます。反対に話すことが小学生並みであれば、それなりの相手しかしてもらえません。

花田 ぼくは「知の巨人」と呼ばれた立花隆《たちばなたかし》*さんの担当もしていましたが、彼は英語がそれほどうまくなかった。それなのに自分から世界中のたくさんの外国の学者に会いにいって、『宇宙からの帰還』や『脳死』など、最先端の研究を盛り込んだ著作を何冊も書きました。立花さんにとって英語はまさに単なる道具で、英語そのものではなく英語から得られる情報が必要だったということですね。

和田 私が受験生に英作文の指導をするときには「英語にしやすい日本語を考えろ」といっています。英語が表現のための単なるテクニックだとしたら、必ずコツがある。そこを指導するんです。
道具に縛られていると、「それを使って何をするか」が後回しになる。スマホのようなデジタル機器もそれと同じですよ。難しければ難しいほど、それを使うこと自体が目的化してしまう。

花田 **それを使って何をするかが大事なのにね。**電車のなかで見回してもみんなスマホでマンガを読むか、ゲームをしているかですよね。

和田 まあそう固く考えずに、いろんな使い方を開拓するのはいいことじゃないですか。遊び心のあるコンテンツを開発するのはとても日本らしいし、むしろ得意技だと思いますよ。

＊立花隆（1940－2021年）……ノンフィクション作家、評論家。文藝春秋を退社したあと、東京大学へ学士入学。評論活動を始める。月刊『文藝春秋』で発表した「田中角栄研究―その金脈と人脈」により、権力の絶頂にいた時の宰相を倒閣するまでの社会現象を起こす。

AIの進歩は「70歳を主役」にする可能性を秘めている

花田　ぼくもスマホでどうしてもマンガを読みたいとか、そういう切実な動機があればスマホを買ったかもしれませんが。今のところ、「ITでできること」にあまり魅力を感じないんですよね。しかも使い方を覚えるのがややこしいと思うと余計に。

和田　現在のITの時代というのは、過渡期にすぎません。最終的には人工知能、つまりAIの時代になると私は考えています。そして、**AIの時代というのは、願ってもいないほど「70歳以上にとって優しい社会」になるのです。**

花田　AIですか。もっとわからなくなりそうな……。

和田　逆ですよ。ITは単なる道具で、私たちが使わなければ役に立ちません。しかしAI

は知能です。向こうが考えてくれるんです。ＩＴは過渡期で、発展途上のものであり、いずれはＡＩが取って代わるんだから、ＩＴのことなんか覚えなくてもいいんだと、どんと構えていましょう。

花田 ＡＩが考えてくれるなら、人間の考える力はどうなってしまうんですか？　ＳＦ映画では、ＡＩに人間が支配されてしまう恐ろしい世界がよく登場しますが。

和田 それはあくまでＳＦ映画です（笑）。人間が作ったものが人間を超えることはありません。そうではなくて、人間側の「考える力の質」が変わってきます。考える力や問題解決能力よりも、たとえばiPhone《アイフォン》を作ったスティーブ・ジョブズのように、**問題の発見能力が高いひとが賢い**といわれるようになる。知識ならＡＩに質問するだけでドドドッと出してくれるから、物知りのひとがすごいということもなくなる。これはインターネット検索のおかげで、そろそろそうなりつつありますね。

花田　問題発見能力というと、足りないものや、欲しいものを見つける能力ということですか。「あれはないか？」「こんなことはできないか？」と。

和田　そうです。AIの時代というのは、マンガの『ドラえもん』の世界なんですよ。のび太が泣いて帰ってきて、ドラえもんに「こんなことで困っている」といえば、ポケットからひみつ道具を出して解決してくれる。このとき大事なのは、**主役はのび太**だということです。のび太がいなければドラえもんは単なる猫型ロボット。道具を出すこともなく、どら焼きを食べているか、押し入れで寝ているかくらいしかしない。

花田　確かに。いわれてみれば、のび太がいちばん大切だ。

和田　ですから、70歳以上にとって「優しい社会」なんです。ITをそれほど使ってこなかったひとも、いちばんの主役に躍り出るのですから。そう考えると、古希《こき》のあとに訪れる「大人の青春」って、とてもおトクだと思いませんか。

年をとったら「スティーブ・ジョブズ」を目指せばいい

花田 そうかあ。でも困っているといっても別に……。今のままで特に不満はないし。

和田 本当ですか？　さっきの、デジタル通帳に切り替えろという銀行の圧力にも困っているんじゃないですか（笑）。

AIの時代には、何かを作ってくれ、あれが欲しいという要求水準も高くなります。つまりいったもの勝ち、**厚かましいやつが勝つんです。**日本のシニアは物わかりが良すぎます。厚かましくないというのがいちばん問題ですよ。

花田 つい、「老害」とか「うぜぇ」とかいわれたくないと思ってしまうんでしょうね。あ、これも聖人圧力か。

和田

運転免許にしても「返上しろ」「しない」という議論ではなく、「早く完全自動運転を実用化しろ」という動きになるべきではないですか。要求水準が高いことが製品開発の推進力になるんですよ。

バブルのころを思い出してください。あれも欲しい、これをやりたいという欲求が強かったでしょう。

花田

よし、それを「のび太力《りょく》」と呼ぼう（笑）。

和田

これからは、のび太でいいんですよ（笑）。私がアメリカに留学していたころ、アメリカ人の生活はとても慎ましいものに見えました。ふつうのひとは、ビデオデッキでも日本の基準でいえば古いタイプなのに、買おうか買うまいか悩んでいるような。それをスティーブ・ジョブズがiPhoneやiPadなど生活に入り込んでくるようなものを次々に作り出し、「高くてもいいものを買う」というふうにアメリカ人のマインドを変えていったんだと私は思っています。今はイーロン・マスク*の電気自動車「ステラ」も売れていますね。

花田 日本もバブルのころはすごい熱気でした。

和田 ソニーがポケットサイズのラジオを作ろうとしていたとき、なかなか小さくできなくて、最後はポケットを大きくしたという話があります。

一方でスティーブ・ジョブズは iPhone を開発中にあれこれハードルの高い注文を出して、技術者が「これ以上無理です」といっても諦めなかったそうです。それで結局、今のような iPhone ができた。

花田 ジョブズが成功者になったのは「厚かましいひとだったから」なんですね（笑）。

＊イーロン・マスク（1971年－）……アメリカの実業家。電子決済サービス「ペイパル」の設立と成功を皮切りに、宇宙ビジネス「スペースエックス」や電気自動車「テスラ」など、投資やベンチャービジネスの分野で世界最高峰の業績を挙げる。2022年に Twitter 社を買収したことでも話題に。

和田　消費者の要求水準が高ければ、作り手がそれに応えるように技術水準が上がるものです。だから70歳を超えた今こそ、**あれが欲しい、これが足りないとどんどん要求していきましょう。**そうすれば今のIT過渡期を乗り切って、主役になれるんです。

花田　使えないとか、ついていけないとかいうのが悪いことのように思ってしまうけど、そうじゃない。使えないものが堂々と出回って、大きな顔をしているほうがおかしい。そういうことですね！

和田　そうですよ。高齢者が使えないものを作るほうが悪い。日本の高齢者は人口の3割近く、さらにこれからもっと比率は上がっていくんです。誰でも使えるものを作るのが、作る側の役目です。

介護や福祉の現場で、AIは「最高の友」になる

花田　年寄りがもっと暮らしやすい社会になるんですね。

和田　70歳を過ぎれば、AIこそ最高の友になれるはずです。たとえば、認知症やその介護者とも相性がいいでしょう。「鍵がない」とか「財布を盗られた」といったことになっても、AIが行動パターンやセンサー記録を瞬時に分析して「ここにあります」と答えてくれるとか。

花田　代わりに考えてくれるんですからね。「あのひとの名前なんだっけ。ほら、顔は思い浮かぶんだけど」っていうときでも教えてくれるかな。

和田　不可能ではないかも（笑）。介護福祉ロボットも開発が進んでいますし、AIと組み

合わせれば介護現場ももっと楽になるから、**老老介護**のような問題も解決しやすくなるでしょう。

花田 われわれのような年になれば、誰かに喜んでもらえる、ひとのためになる仕事がいちばん嬉しいですよね。もう収入は少なくてもいいんだから。そう考えると、シニアならではの可能性がどんどん広がりますね。

和田 そうでしょう。これまで40～60代では能力的にできなかったことも、AI時代には技術進歩によってできるようになる。これも、70歳以降の方々がこれから「**本物の成長期**」を迎えられるという理由のひとつなのです。

花田 いやあ、70歳を超えると本当にお得だなあ。

和田 超高齢社会は悪いものだと、勝手にネガティブに決めつけないで欲しいですね。ただ掘り起こしは必要ですから、必要な声を上げていきましょう。

花田 のび太力を使って（笑）、あれしろこれしろ、といえばいいんですね。

和田 そのとおり！　そういう意味では、高齢者が「現役の消費者」になればいい。お金を使えばいい。開発者も必死で応えてくれるようになりますから。デジタル化がもっと進めば、もっと幸せになれるはずなんです。「おいていかれて不幸だ」などと考えてはいけません。

MATOME

「デジタル化」についての結論

- ＩＴやスマホは「ただの手段」と割り切ること。必要なときだけ使うのが、インターネットとの上手な付き合い方。
- 年をとったら「スティーブ・ジョブズ」を目指して、あれしろこれしろと声高に要求すればいい。
- ＡＩの進歩によって「70歳が主役になる社会」が実現する可能性もある。ＡＩは「最高の友」ととらえて、ポジティブに考える。

第9章

70歳からの人生の決め方

高齢だし、やっぱりマスクは外しちゃダメですか？

医師とは上手に距離をとる

血糖値を正常にしても「体調が良くなる」わけではない

花田 和田さんはお医者さんですから、やっぱり「病気」や「病院との付き合い方」について、もう少しお聞きしておきたい。

和田 はい、何でもどうぞ。私にはＮＧ質問なしですから。

花田 ではお言葉に甘えて。70を過ぎると誰でも身体にひとつやふたつ、ガタがきますよね。治るとも限らないので、その先はずっといっしょに過ごしていかなくちゃいけない。

だからもっとうまく、できれば気楽に付き合っていきたい。だけど、相手は病気や病院ですからねえ。どうしても身構えるというか、自分から壁を作ってしまいます。

和田 そのお気持ちはわかります。年をとるほど、病気との付き合い方は、「どんな人生にしていきたいか」という大きな決断と直結しますからね。【人生の決め方】ともいえますね。

花田 だからこそお聞きしたい。和田さんはどうやって病気と付き合っているんですか？

和田 私自身が**病気のデパート**ですからね（笑）。少しは参考になるのではないでしょうか。自分を実験台にして、いろいろやってきました。私の場合かつて、血圧は220㎜Hg、血糖値に至っては660㎎／dlもありましたから。

花田 正常とされる数値は血圧が140／90㎜Hg、血糖値では70～100㎎／dlですね。ちなみにぼくの血圧は120/80㎜Hgで、極めて正常。

和田　私だと、病院では「このままじゃ死にますよ」と脅されるレベルです。でも長く付き合っていると、正常値まで下げるといかにだるいか、どのくらいなら調子がいいかがわかってくるんです。

花田　正常まで下げるとだるい⁉

和田　だるいですよ。660あったひとの血糖値を90まで下げたら、極度の低血糖みたいなものでしょう。めまいがして動けなくなります。だから今、血糖値は200~300でコントロールしています。

花田　「実験台」とはいえ、すごいことをされていますね。

和田　意外と慣れるものですよ。

血圧の基準をカスタマイズして快適に過ごすのが最優先

和田　ただ、血圧はちょっと困った。200を超えているなというのはずっとわかっていたんですが、**むしろ高めのほうが頭が冴えるから、放っておいたんですよ。**ちょうどそのころ友人が、心臓のクリニックを開業しました。じゃあというので検査を受けてみた。すると、血管は大丈夫だったのですが、「心肥大」だといわれた。私は当時40代です。

花田　心肥大というと……。

和田　心臓の筋肉が厚くなっている状態です。高血圧で心臓に負担がかかっていたんでしょう。心機能が低下するから、「これ以上厚くなると心不全になるよ、だから血圧下げて」と友人にいわれて、薬を飲み始めました。ところが220から140まで下げたらだるくて仕事にならない。仕方がないので、170ぐらいでコントロールしています。

花田 ふつうは血圧が高いと良くないと思ってしまいますが。

和田 ですから私は身体がだるくならない、ぎりぎりのところでやっているわけです。でもそんなふうにみなさんも、医者自身も、数値は正常の範囲に収めなければならないと思い込んでいるでしょう。私はそれがおかしいと思っているんです。

花田 なぜおかしいんでしょうか？　これまでずっとそうしてきたなら問題ないのでは？

和田 いえ、それが違うんです。そうやって薬を服用したひとが、5年後、10年後にちゃんと長生きできているか、死亡率が下がっているかといった比較研究は、**じつは日本に**

は一切ありません。大規模調査をやらないで、よくそんなことがいえるなと。

花田 えー、絶句しちゃうな。

和田 正常値は国際基準かもしれないけど、あくまで基準です。実際のところ、そのひとが快適で、調子がいいと思える状態で過ごすことが、いちばんいいんです。何より私自身がこれまで、ほかの専門家と比べるとかなりのハイペースで仕事に打ち込んでこられましたから。

なぜ「高血圧」や「高血糖」のひとのほうが元気なのか

花田 和田さんはいいかもしれませんが、医者でもないぼくたちが「自分はこれくらいの数値でいい」とか自分で判断して大丈夫なんでしょうか?

和田 いいんですよ。教科書どおり、基準どおりがいつも正しいわけではありません。それよりも人間そのものを見なくては。

そう考えるようになったのには、私がこれまで見てきたこと、聞いたこと、そして体験したことが背景にありますが、そのひとつがこれまで何度かお話しした浴風会病院での勤務です。

花田 高齢になると誰にでも脳にはアルツハイマー型の変化が出ているというお話でしたね。えーっと、85歳以上でしたっけ。

和田 そうです。それは亡くなられたあとで解剖検査をするからわかるのであって、生前にそれが症状として出るとは限らない。アルツハイマー型の所見があるからといって、すぐに日常生活が送れなくなるのではありません。最後まで月刊『Hanada』を読んで、理路整然と自分の意見を話すひともいる。残っている機能をどう使うかです。

花田 そういう病気になるのを遅らせることはできても、年をとれば必ずなると。

和田 自分のことは自分でやってみなければわからないんですよ。年をとったからという理由だけでおとなしくしているのは、弱くなるように自分を追い込んでいるようなものです。

花田 自分の身体のことは、自分がいちばん知っている。

和田 そうです。浴風会では、血圧や血糖値が高めのひとが意外に元気だとか、そういった**いわゆる医学のセオリーと異なる例**をさんざん見てきました。身体に何か異変があれば、身体はそれに対応できるように変化するものです。

花田 数値はあくまで数値。人間が振り回されてはいけないということか。

和田　見てきた例はまだまだありますよ。たとえば動脈硬化がいったん起こると、血管の壁が厚くなります。そうなったひとは、血圧もやや高めのほうがしっかりと血液がめぐって頭がシャキッとします。同じ理屈で、血糖値もやや高めのほうが、脳に栄養が回るということにもなる。

史上最長寿、122歳フランス人女性の意外な習慣とは

花田　最近はよく「小太りのひとのほうが長生きだ」といわれますが、現場でもやはりそうでしたか。

和田　はい、長生きの方が多かったですね。

花田　じゃあぼくも、もう少したくさん食べなきゃいけないないな（笑）

和田　そのころ同僚が併設の老人ホームで「喫煙の習慣」について調べたんですが、こちらもおもしろい結果が出ましたよ。「タバコを吸うひと」と「吸わないひと」との生存曲線には、なんと差がなかったのです。要するに、タバコが身体に悪いのは若いころの話であって、**年をとってしまえばもう関係ない**ということです。

花田　人類史上もっとも長生きしたとされ、122歳で亡くなったフランス人女性のジャンヌ・カルマンさんは、若いころから117歳になるまで、毎日タバコを欠かさなかったそうですからね。納得です。

和田　まさに、生ける証明でしたね。

花田　彼女は100歳でも自転車を乗り回していた。ぼくが好きなのは、このカルマンさんが100歳のときNHKのインタビューを受けて、インタビュアーが最後に「長生きの秘訣はなんですか？」と聞いたら、「病気にならないことよ」と答えたという話。

「なんだ当たり前じゃないか」と一瞬思ってしまうんですが、よく考えたらなかなか深いなあと。自分のことは自分にしかわからない。自分を大事にしなさい、ということですよね。

和田 おおらかでいいですね。年をとれば必ずどこかに不調が出ますが、いちいち気にせずに、元気で毎日を過ごすように心がけていたんでしょうね。だから検査データに一喜一憂してすぐに薬を飲むとか、そんなに神経質にならなくてもいいんですよ。

花田 自分を「過保護」にすると長生きできないんですね。

ワクチン以上に大切な「自然免疫」の高め方

和田 回虫などの研究で有名な医学博士の藤田紘一郎《ふじたこういちろう》さんが「清潔はビョーキだ」といっています。潔癖になりすぎてどんどん周囲を殺菌していった結果、人間の耐性が落ちているということです。清潔になるに従って弱くなる。**過保護は人間の生命力に悪影響を与えますよ。**

花田　きれい好きのひとはちょっとバイキンに触っただけで病気になっちゃうんでしょうね。その点ぼくは大丈夫。毎日本の山に囲まれて寝ているし、食べものの賞味期限だって気にしないのでカミさんに叱られてます（笑）。

和田　怖がっているひとのほうがひどい目にあう、というのは理にかなっていますよ。奥村康さんという免疫学者、ＮＫ細胞*の名付け親ですが、彼もこんなコロナ自粛していたら免疫力が下がるよ、といっています。

花田　新型コロナだって、年とっても怖がっていないひとは意外に平気ですよね。ぼくの周

*ＮＫ細胞……ＮＫはナチュラル・キラー（Natural Killer）の頭文字。リンパ球の一種で、全身をパトロールしながら、ウイルスに感染した細胞やガン細胞などを見つけ、殺し屋（キラー）のように攻撃する。

囲でもかからないか、かかってもその後ケロッとしているひとが多い。

和田 新型コロナウイルスについて専門家が出てきていろいろ話しますが、「**自然免疫**」について誰もいわないのはおかしいんですよ。ワクチンを打って免疫をつけるのもいいけど、自然免疫を強めることも考えないと。

花田 自然免疫というのは、人間が本来備えている治癒力のベースになっている免疫力ということですね。

和田 そうです。ワクチンによる免疫力は「獲得免疫」と呼ばれるもので、ある病原体を細胞に記憶させ、効率よく叩く仕組みです。

花田 自然免疫とは少し違うものなんですね。

和田　はい。じつはこの自然免疫がとても大切なんです。細かいことをくよくよ気にするのがいちばん自然免疫に悪い。日本の医者に欠けている視点は、日本がガンで死ぬ国だということ。早期発見が大事だとよくいわれますが、本質的な対策としては免疫力を上げるしかない。楽しんで暮らすしかないのです。それはコロナでもガンでも、他の病気にもいえることです。

花田　自治体でもガン検診を推奨していますね。40歳以上になったらお知らせがきたり。

和田　ガンは探せば見つかるから、ガン患者の数が増えるのは当たり前のこと。それよりもガンで死ぬひとが増えているのが問題です。先進国では日本だけですよ。

誰も教えてくれなかった「医師と正しく交渉」するコツ

花田　でも、どうしてガンの死亡者数が増えているのでしょうか。不思議ですね。これだけ検診して。

和田　そうですね、免疫力の問題と、むりやりガンを探し出すことと……。あとは高齢者の場合、ガンの周りの正常組織まで切り取ってしまうからみんな体力を落とすんですよ。

花田　ガンじゃないところも切っちゃうんですか？

和田　切りますよ。胃を3分の2取ってげっそり痩せてしまうひとがいるでしょう。若いうちならいいけど、高齢者には良くないです。多少転移の可能性があっても、それは数年後の話。ガンだけを取るほうが体力は落ちません。

花田　でもそれは、お医者さんが決めることですよね。ぼくたち素人が何かいうのは申し訳ない。

和田　自分自身のことじゃないですか。よく「先生に全部お任せします」とかいうひとがいるけど、医者は神様じゃないんだから、責任をとってくれるわけではありません。医者も悪いんですよ。患者が治療方針と違う意見をいうと「じゃあもう診ないよ。勝手にやれば」という医者って、医師法に違反していると思います。日本は国民皆保険で誰でも医療を安く受けられるから、そういう発想になるのでしょうか。でもそれだって私たちの税金なんですけどね。

花田　外国だと違うんですか。

和田　医療費というのは本来高額なものですから、自己負担で払わなければならない国のひとはしっかり自己主張します。医者に嫌われることを怖がってはいけません。ソデノシタを渡せば良くしてくれるというのは、よくある誤解です。患者さんが下手《したで》に出るのは、むしろ逆効果のこともある。

花田　では、どうするのが良いのでしょうか。

和田　そんなふうに金品を渡すのはやめましょう。じつは、彼らが怖がっているのは医療ミスで訴えられることです。過酷な受験競争を勝ち抜き、教授のいうことを素直に聞いて育ったひとたちですから、失敗をとても恐れます。

花田　いかにも日本人らしいですね（笑）。

和田　「自分は素人だから」と思わずに疑問や意見をぶつけていれば、「これは失敗できないぞ」と思ってちゃんとやってくれるはずですよ。

花田　めんどくさい患者と思われたほうが、結局はお得なわけか。

医師にお願いしてもムダなので、薬は自分で減らすこと

花田　和田さんがやっているみたいに、血圧でも血糖値でも自分がいちばん調子がいいと思えるところでコントロールするには、薬を減らしてもらうように頼めばいいんですね。

和田　うーん、それが残念なことに、「薬を減らしてくれる」という医者はあまりいないんですよ。その薬で気分が悪くなったとか、吐き気がするということでしたら替えてくれますけどね。だからみなさんにいいたいのは、自分でやるしかない、ということ。

花田　無駄ですねー。薬の無駄。

和田　医療費が全額自己負担だったら、「これ以上はいらない」と自己主張しやすいのでしょうけど。でもたとえば血圧の薬を飲んで「だるくなりました」といいながら飲み

続けるひと、それを一生飲み続けるんですよ。よく耐えてるなあと思います。

花田　本人だって、生涯薬を飲むのはイヤだろうにね。

和田　先日も在宅医療ネットワークのＮＰＯのひとと話していたら、医療を手控えてくれる医師がなかなかいない、と話していました。

花田　手控えるというのは、薬を減らすとか、もう治療はしないとか？

和田　特に高齢者になれば、「患者の希望に寄り添った医療」を受けるべきだと思います。身体がだるくなるから数値は気にしなくてもいいとか、ガンはできるだけ切らないとか。亡くなる間際で薬を控えましょうなんていわれても、仕方がないですよ。もっと頭がはっきりしている間に、そのひとの意思が尊重される医療にならないと。

良い医師と出会えるかどうかが、第2の人生を決める

花田　そんな話を聞いてくれるお医者さんはいるんですか？

和田　います。「もうそうそう長くないと思うので、あまり薬漬けになりたくないからゆるーくやってくれませんか」といって病院を10箇所回れば、1箇所くらいはありますよ。そういう「ゆるい医者」を探しておくことはすごく大事です。

花田　自分の人生を決めるわけだから、10箇所くらいは歩き回らないとね。

和田　これも日本人の特性だと思うのですが、「病気になったらどうしよう、ガンになったらどうしよう」とすごく不安を感じているわりには、「なったときにはこうするんだ」という解決方法を求めていません。

そうなると、ガンの告知を受けたときや、いざというときに慌てたり、「お任せします」といってしまったりするんですよ。

花田 ぼくも慌ててしまうかも……。それに自分の具合が悪くなって病院に行って、「ああして欲しい、これはイヤ」っていうのは勇気がいるというか、ちょっと怖いですよ。命を左右するひと（医師）が目の前にいると思うと（笑）。

和田 確かに、少し勇気がいりますけどね。

花田 それでも、あれこれいう面倒くさい患者になったほうがいいんですね。

和田 本人からいうのが怖ければ、家族が面倒くさいひとになってもいいと思いますよ。高齢になると本人ではなく、ケアマネージャーと病院とで治療方針を決められてしまうこともあると思いますが、そういうときに周囲のひとに間に入ってもらえるよう、事前に自分はこうしたい、ということを考えておく必要がありますね。

花田　自分でいうか、カミさんにいってもらうか、悩ましいところだな（笑）。

医者の仕事は「患者さんを元気にする」ことに尽きる

和田　医療の現場はずいぶん変わってきていますし、これからも劇的に変わるでしょう。オンライン診療も遠隔治療もだんだん身近になってきました。

花田　オンライン診療は、コロナ禍で動きが早まった面もありますね。

和田　ずいぶん早まったと思います。さらにＡＩがもっと進化すれば、これまで医者が悩みながら考えていた診断や治療方針も、全部やってくれるようになるんじゃないかと思っています。ＣＴ画像とか検査データとかを入力するだけで、パパッと正確に。

花田　するといずれ、人間の医者はいなくなるということですか？　ＳＦみたいだなー。

和田　いえいえ、そうなれば逆に、ＡＩが出した治療方針に逆らったり、患者の希望に合わせて加減してくれるような医者が流行るようになるでしょうね。必要とされているところに顧客が流れていく。それが市場原理というものです。そうなれば患者も医師に希望を伝えやすくなるかもしれませんね。

花田　より患者の希望に添ってくれる病院に通いたいもんなあ。

和田　ＡＩの判断が正確であればあるほど、それをどう使うか、どうゆるやかに実行するかを考えるのは、人間にしかできないことですから。

花田　ＡＩだと、誤診もなくなりそう（笑）。

和田 そうなって欲しいですね。医療は理屈どおりではないですから。検査データだけでそのひとを語ることはできないし、教科書どおりの治療法で病気が治るとは限らない。病気を治すのはそのひとの体力や免疫力に大きく左右されますし、満足できる人生を送っているかどうかは、そのひとにしか判断できません。結局、決めるのは自分。医者は手助けするだけです。

花田 ぼくは同年代の連中より元気なつもりだけど、それでもいつかは病院にお世話になることがあるでしょう。今のうちから病院との付き合い方について、ちゃんと考えておいたほうがいいですね。

和田 昔の医者は、患者を元気にするすべを知っていましたよ。私が小さいころ、大阪の祖母に付き添って、近所の開業医に行ったんです。そこでまず医者が「中村はん、どないしたんや」という。祖母がこうこう、こうでというと、聴診器を当ててひと言、「大丈夫や」って。検査も何もせずに、「大丈夫や」で終わりです（笑）。

花田 おばあちゃん、ホッとしたでしょうね。

和田 そういうものなんですよ、医療って。ちまちました厳密性を求めるよりも「大丈夫や」ってひと言いえば済むものを、わざわざ検査して細かい異常値を見つけて、深刻な顔して「まずいですね」って。悪いところばかりを探していて、元気になるわけないのに。

花田 和田さんのおばあちゃんの話はいいですね。おおらかで。結局70歳を過ぎても、病院や医者とどう付き合っていくか、自分で決めればいいんですね。マスクをしたくなければ、しなくてもいいと（笑）。そう聞いて安心しました。

和田 そうですよ。医者は、みなさんを元気にするためにいるんですから。

MATOME

「人生の決め方」についての結論

- 良い医師と出会えるかどうかが、第2の人生を決める。出会うためには10箇所ほど病院を回ればよい。
- 薬を減らしてくれる医師はいないので、医療とは上手に距離をとって、自分で減薬する。
- 血圧、血糖値、コレステロール。いずれも正常値にしたところで「体調が良くなる」わけではない。
- 我慢しているのは身体に毒と心得て、ワクチン以上に大切な「自然免疫」を高めるべし。
- へこへこする患者より、めんどくさい患者のほうが丁重に扱われる。

おわりに

昨年秋、この本のために何回かにわたって和田さんの話を伺った。健康、生き甲斐、そして誰にでも否応なく訪れる死……。

その時間はぼくにとっては至福の時であった。

幸せな時間であった。

80歳になって至って健康で、今も大好きな雑誌編集という仕事を続けている。それだけでも幸せだが、最近、ちょっとしたことに幸せを感じることが多い。

本文でも触れたが、ある日の夕方、駅から自宅に向かい、上り坂を登り切って、ふと見上げると、近頃、見たこともないような美しい夕焼け空が広がっていた。

その時、ああ、幸せだなぁと感じたのである。

もう一例。

ある寒い冬の日、銀座で仕事が終わり、次のアポイントまで1時間少しあった。まだ昼食もとってないから、どこかで何か食べよう、そうだよく行っている帝国ホテル地下の「とらやカフェ」、そこにたしか昼食セットというのがあったから、あれを食べよう、そう思って帝国ホテルに行った。

帝国ホテル玄関脇の喫茶フロアは広いけれど、いつも混んでいるから、ぼくはもっぱら地下の「とらやカフェ」を利用している。

で、昼食セットを頼もうとメニューをながめていると「お汁粉」という文字が目に飛び込んできた。

「お汁粉か、うーん、これもいいな」

甘党なのである。特にあんこものには目がない。それに最近、食べてない。

思い切って「お汁粉」を頼んだ。

これが、実にうまかったのである。

小豆のゆで加減がいい。甘さがほど良い。そして上に乗った小さな焼いたばかりの餅が香ばしい。

こんなにおいしいお汁粉は久しぶりである。

空きっ腹も満たされ、お茶を飲んでいると、とても幸せな気持ちになった。

で、会計の時に、店長と思しき女性にそのことを伝えた。

「そうですか。そんなこと言われたの初めてで嬉しいです。すぐに厨房に伝えます」

ぼくの幸せな気分が女性店長に伝わり、それがまた厨房の係の人に伝わる——。

「幸せの連鎖」という言葉が浮かんだ。

それ以来、折あるごとにぼくが感じた「幸せ」をノートに書いている。

和田さんの話を聞いて、ぼくが感じた幸せな気持ちが、ストレートに読者の皆さんに伝われば嬉しい。いや幸せである。

そして、この本を読んで、幸せを感じてくれたら、そのことを身近な人に伝えてほしい。

幸せの輪を広げてほしい。

超多忙の中、何度も話を聞かせていただいた和田秀樹さん、企画を立ち上げ、完成してくれた三宅隆史さん、そして、インタビューをまとめてくれた瀬戸内みなみさんに、ありがとうのひと言を。

花田紀凱

デザイン　萩原弦一郎（256）
イラスト　ヤマサキミノリ
校閲　槇 一八
組版　髙本和希（天龍社）
編集協力　瀬戸内みなみ
編集　三宅隆史（サンマーク出版）

70歳からが本物の成長期

2023年2月10日　初版印刷
2023年2月20日　初版発行

著　者　和田秀樹　花田紀凱
発行人　植木宣隆
発行所　株式会社サンマーク出版
東京都新宿区高田馬場2-16-11
電話　03-5272-3166
印　刷　三松堂株式会社
製　本　株式会社村上製本所

ISBN978-4-7631-4038-8
https://www.sunmark.co.jp